TRAITÉ PRATIQUE

DE

LA TEINTURE, L'IMPRESSION SUR ÉTOFFES

ET

DU BLANCHISSAGE

PAR

MICHEL DE VINANT

ex-Fabricant, ex-Coloriste

RENFERMANT LES PROCÉDÉS POUR L'IMPRESSION, LE BLANCHIMENT
ET L'APPRÊT DES ÉTOFFES,
SUIVI DE LA FABRICATION DES PRINCIPAUX PRODUITS CHIMIQUES,
DE LA DISTILLATION DES ESSENCES MINÉRALES,
DES ALCOOLS ET DES LIQUEURS

PARIS

CHEZ L'ÉDITEUR-IMPRIMEUR

H. GAROLLE

41, Rue de Saintonge

ET CHEZ LES PRINCIPAUX LIBRAIRES DE LA FRANCE ET DE L'ÉTRANGER

1872

TRAITÉ PRATIQUE

DE

LA TEINTURE, L'IMPRESSION SUR ÉTOFFES

ET

DU BLANCHISSAGE

TRAITÉ PRATIQUE

DE

LA TEINTURE, L'IMPRESSION SUR ÉTOFFES

ET

DU BLANCHISSAGE

PAR

MICHEL DE VINANT

ex-Fabricant, ex-Coloriste

RENFERMANT LES PROCÉDÉS POUR L'IMPRESSION, LE BLANCHIMENT
ET L'APPRÊT DES ÉTOFFES,

SUIVI DE LA FABRICATION DES PRINCIPAUX PRODUITS CHIMIQUES,

DE LA DISTILLATION DES ESSENCES MINÉRALES,

DES ALCOOLS ET DES LIQUEURS

PARIS

CHEZ L'ÉDITEUR-IMPRIMEUR

H. GAROLLE

41, Rue de Saintonge

ET CHEZ LES PRINCIPAUX LIBRAIRES DE LA FRANCE ET DE L'ÉTRANGER

—

1872

Dédié à l'illustre Professeur de chimie

M. DUMAS

Membre de l'Institut. Président de la Société nationale d'encouragement de Paris.

Témoignage de mes souvenirs, de ma haute considération et de mon inviolable attachement à

MM. le Comte D'IDEVILLE.

WALLAERT FRÈRES.

REQUILLARD.

BONVALLET FRÈRES.

JANDIN.

BLANCHE.

Henri FREYDIER.

Henri POIDEVIN.

Henri VERMEZ.

Louis CHOQUELT.

David EVANS (Angleterre).

Joachim TSCHUDI (Suisse).

Frantz LIEBIG (Bohême).

DE VINANT.

SOMMAIRE

Le *Traité pratique* est divisé en cinq parties.

La première partie traite des opérations du blanchiment des cotons en écheveaux, des fils de lin et du chanvre, du jute. Blanchiment de toiles de lin, de chanvre, de batiste, blanchiment de la soie. Blanchiment des calicots pour le commerce et pour l'impression. Dégraissage de la laine en toison en suint par un procédé spécial. Blanchiment de la laine en écheveaux, en pièces, en flanelle et par immersion, et de l'azur en général.

De la décoloration des déchets de coton, sans altération et pouvant resservir à la fabrication des tissus.

Blanchiment des bois pour pâtes à papier.

La seconde partie traite de la teinture des foulards de soie, de la laine unie, de laine et soie, de la laine et coton, du drap, de la laine en écheveaux pour tapis, teinture des calicots unis, teinture de la toile, teinture des cotons et des fils en écheveaux, teinture en noir d'aniline et chinages sur écheveaux, teinture des plumes et blanchissage.

Teinture de la soie et en noir chargé, procédé anglais.

La troisième partie traite de l'impression sur soie, foulard garancé, foulard bleu et blanc à la cuve pourpre d'indigo, foulards genres divers par teinture et réserve, et par rongeants, couleur vapeur, genre résiste mécanique sous couleur vapeur.

Fabrication d'indiennes, meuble grand teint, genre lapis, rouge Andrinople uni et rongé, impression sur moleskine, rongeant blanc, sur velours teint en couleur.

L'impression sur laine, laine et coton, laine et soie, genre double teinture sur mérinos, chinage sur écheveaux et sur chaînes.

Les quatrième et cinquième parties traitent de la fabrication des principaux produits chimiques tels que le chlorure de chaux, de soude, acides, savons, azurs, etc., distillation des essences minérales, des alcools et des liqueurs.

A la fin de l'ouvrage paraîtront les principaux dessins pour ces fabrications.

PRÉFACE

Le désir d'attirer les regards de la multitude semble être inné chez les hommes que le défaut de civilisation rapproche le plus de l'état de nature. Aussi, de tout temps, ils en ont saisi avec empressement les moyens, et l'éclat des couleurs a dû être naturellement l'un des premiers qui leur fussent offerts. Les sauvages même cherchaient à en imposer par des tatouages ou des impressions sur la peau, par les plumes, les pierres, les coquillages aux vives couleurs, qui leur servaient d'ornement ou de parure ; les femmes des Gaules se donnaient les jours de fête une teinte brune olivâtre par le moyen du'vouëde et sans doute celles qui occupaient les premiers rangs étaient le plus jalouses de cette distinction. Il n'est donc pas douteux que l'origine de l'art de la teinture ne remonte à une haute antiquité, et lorsque la nature a présenté des substances colorantes d'une application facile, il a pu s'établir chez des peuples d'une civilisation peu avancée des espèces de teintures qui ont été recherchées ensuite par des nations policées; ainsi les Gaulois préparaient quelques couleurs qui n'étaient pas dédaignées des

Romains ; mais pour s'étendre et se perfectionner, l'art a dû suivre les progrès de l'industrie et ceux du luxe. Les Égyptiens, selon Pline (1), avaient trouvé un moyen de teindre qui avait des rapports avec celui que nous employons pour l'impression des calicots et des foulards de soie : les étoffes, imprégnées probablement de plusieurs mordants, étaient plongées dans un bain, où elles prenaient différentes couleurs; cependant il est à présumer que l'industrie avait peu d'activité chez un peuple où la puissance sacerdotale interdisait par des lois tout changement dans les coutumes les plus indifférentes.

Lorsqu'on veut juger des progrès que l'esprit humain avait faits dans l'antiquité, l'attention se porte sur la Grèce, mais l'on y trouve une grande différence entre les beaux-arts et les arts utiles ou les arts de luxe, différence dont on devine la cause. L'opinion publique mit une distance immense entre ces arts, car la gloire fut attachée aux premiers, tandis que les autres furent confondus dans les travaux serviles. Cette distinction était en partie fondée : le peintre, le statuaire, l'architecte, imprimaient leur génie à leurs productions, leur art n'avait pas besoin de s'accroître par de longues tentatives et de s'enrichir lentement des hasards et de l'expérience des siècles.

D'un coup l'imagination put franchir les bornes du temps, et les chefs-d'œuvre qui se succédèrent

(1) *Histoire naturelle.* page 35.

rapidement chez les Grecs devaient faire l'admiration de la postérité.

Cependant, ce peuple si ingénieux, si sensible, si fécond en grands hommes, se laissa séduire par ses goûts et il distribua son estime d'une manière trop inégale : celui qui remportait une victoire à la lutte, au pugilat, à la course, obtenait des couronnes et jouissait des plus grands honneurs, tandis que les arts utiles étaient avilis même aux yeux des philosophes.

Les philosophes anciens comme les philosophes modernes, occupés surtout des spéculations qui pouvaient leur attirer les hommages du peuple, regardèrent les arts utiles comme indignes de leurs attention. Ce mépris passa chez les Romains, et c'est ainsi que Pline, en parlant de la teinture, déclare qu'il néglige de décrire des opérations qui n'appartiennent pas à un art libéral.

Cependant quelques philosophes modernes se sont livrés aux froides combinaisons du calcul et aux humbles détails que leur ont présentés la nature et les arts ; ils ont suivi l'enchaînement des nombreuses merveilles qu'ils ont rencontrées, et ils ont reconnu dans les travaux de l'industrie ainsi que dans le commerce, la source et la prospérité d'un grand peuple, le germe d'une grande population et le principal soutien de l'agriculture.

Les Anglais, les Belges et les Suisses sont les peuples qui ont le mieux senti le besoin de ces arts pour la prospérité de leur pays. Aussi, n'aiment-ils pas à guerroyer, et s'adonnent-ils surtout à l'industrie, qui les fait redouter sur tous les marchés du monde. Aujourd'hui les hommes politiques n'ont encore en vue que leurs passions, et ce n'est qu'après avoir satisfait leurs mesquines ambitions qu'ils songent à l'industrie qui, cependant, est la principale fortune des nations.

Ils devraient cependant aimer le pays qui leur fait l'honneur de les placer à la tête de ses affaires et désirer que l'on puisse dire d'eux comme de l'Académie des Sciences de Paris qui chercha la première à répandre les lumières des sciences sur tous les arts, qui forma le projet d'en publier la description et qui, au milieu d'un régime prohibitif, comprit que l'industrie nationale doit s'éclairer et s'étendre par une communication libre des procédés dont elle fait usage, et que les sacrifices qu'elle peut faire par cette publicité sont bien compensés par les avantages qu'elle en tire elle-même; ce projet fut appliqué à tous les objets de nos connaissances par l'*Encyclopédie*, le monument le plus vaste qu'on ait élevé à la philosophie et à la raison. L'art de teindre chez les Grecs n'a donc pu sentir que faiblement l'influence des lumières. Cependant l'activité du génie a quelque chose de si essentiellement communicatif que l'industrie multiplie les tentatives lorsqu'elle est sollicitée par le luxe.

La soie est originaire de la Chine. A ce que disent les Annales chinoises, c'est la femme de l'empereur Hoang-Ti qui, la première, s'occupa de la filature des cocons qui se trouvent naturellement sur les arbres. La soie passa ensuite dans l'Hindoustan et de là en Perse, dans la Grèce et à Rome, mais elle n'y fut connue que fort tard ; quelques-uns ont conclu d'un vers des *Géorgiques* de Virgile, que l'usage en était connu à Rome dans le temps d'Auguste. L'on trouve dans Pline des indications moins douteuses. La soie était encore à un si haut prix du temps de l'empereur Justinien qu'elle se vendait au poids de l'or ; ce fut en ce temps que des moines apportèrent des Indes à Constantinople des œufs de vers à soie et qu'ils y montrèrent la méthode de les élever et de filer la soie de leurs cocons. Il paraît que c'est dans le temps des croisades que les premiers vers à soie furent introduits dans l'Italie. L'art de teindre les toiles paraît avoir été inconnu dans la Grèce avant l'invasion d'Alexandre dans les Indes. Pline rapporte qu'on y teignait les voiles des vaisseaux de différentes couleurs ; il y a donc apparence que les Grecs empruntèrent cet art aux Indiens.

L'Inde est le berceau des connaissances et des arts qui se sont ensuite répandus et perfectionnés chez les autres nations. Les hasards devaient bientôt se multiplier dans un pays qui est riche en productions naturelles, qui exige peu de travaux pour suffire à la subsistance de ses habitants et dont la population était favorisée par la profusion de la nature et la simplicité des mœurs, avant que la tyrannie des conquérants qui s'y sont succédé y eût développé ses attentats ; mais les préjugés religieux et la division inaltérable des castes mirent promptement des entraves à l'industrie, les arts dès lors furent stationnaires et il y a apparence qu'au temps d'Alexandre, la teinture s'y est trouvée à peu près au même point qu'au XVIIe siècle pour les étoffes de coton, car la soie y était encore inconnue ou du moins très-rare.

Les belles couleurs que l'on observait sur les toiles des Indes auxquelles on donna d'abord le nom de perses parce que c'est par le commerce de la Perse qu'elles nous parvinrent, pourraient faire croire que l'art de la teinture y était poussé à un grand degré de perfection, mais on voit que la description que Baulieu fit, à la prière de Dufay, des opérations qu'il fit exécuter sous ses yeux (1) que les procédés des Indiens étaient tellement compliqués, longs et imparfaits, qu'ils seraient impraticables ailleurs par la différence du prix de la main-d'œuvre.

L'industrie européenne les eut bientôt surpassés par les goûts du dessin, la variété des nuances et la simplicité des manipulations; il nous est permis d'en conjecturer que l'art de la teinture était peu avancé. Il est hors de doute qu'il y avait une teinture qui a été ou perdue ou négligée et qui était l'objet du luxe le plus recherché : voyez la pourpre qu'on tirait de divers testacés, coquillages couverts d'écailles univalves. Ses procédés d'extraction ont particulièrement attiré l'attention des philosophes et ils

(1) *Voyage du jeune Anacharsis.*

ont été mieux conservés dans les monuments histori-
ques que ceux des autres couleurs. Il y a grande apparence que la découverte s'en fit à Tyr et qu'elle
contribua beaucoup à l'opulence de cette ville
célèbre. Le suc dont on se servait pour teindre en
pourpre était tiré des deux principales espèces de
coquillages, la plus grande portait le nom de pourpre
et l'autre était un buccin. L'une et l'autre espèce se
subdivisaient en plusieurs variétés ; on les distin-
guait encore par la couleur plus ou moins belle
qu'elles pouvaient donner selon les côtes ou s'en faisait la pêche.

Le suc colorant des pourpres est renfermé dans
un vaisseau se trouvant dans leur gosier ; on ne
retirait de chaque coquillage qu'une goutte de cette
liqueur ; on écrasait les buccins qui contenaient une
très-petite quantité d'une liqueur rouge tirant au
noir. Après avoir recueilli une certaine quantité de
suc colorant on y ajoutait une portion de sel marin,
on faisait macérer pendant trois jours, après quoi on
mêlait cinq fois autant d'eau et l'on tenait ce mélange
à une chaleur modérée, en ayant soin de séparer de
temps en temps les parties animales qui s'élèvent à
la surface. Toutes ces opérations duraient dix jours,
au bout desquels on essayait, avec un peu de laine
blanche, si la liqueur avait pris la nuance convenable. L'on donnait également à l'étoffe différentes
préparations avant de la teindre ; quelques-uns la
passaient dans l'eau de chaux, d'autres lui donnaient
un apprêt au moyen du fucus (plante marine) qui ser-

vait, comme quelques-uns de nos mordants, à rendre la couleur plus solide; d'autres encore préparaient le drap avec l'orcanète.

Le suc du buccin ne donnait pas par lui-même une couleur solide, mais il augmentait l'éclat de la couleur de l'autre coquillage.

La pourpre de Tyr se faisait en deux opérations, on commençait par teindre avec le suc de la pourpre, après cela on donnait une seconde teinture avec le suc du buccin.

D'où vient que Pline lui donne le nom *Purpura Dibapha :* dans d'autres procédés on mêlait le suc des deux espèces de coquillages pour obtenir par là une couleur d'améthyste; celle de Tyr avait, selon Pline, la couleur du sang coagulé; la pourpre améthyste avait celle de la pierre de ce nom, une autre espèce ressemblait à la violette.

Il paraît que quelques espèces de pourpres conservaient très-longtemps leursc ouleurs, car Plutarque raconte, dans la *Vie d'Alexandre*, que les Grecs trouvèrent dans le trésor du roi de Perse une grande quantité de pourpre dont la beauté n'était pas altérée quoiqu'elle eût cent quatre-vingt-dix ans de fabrication. La très-petite quantité de liqueur que l'on retirait de chaque coquillage et la longueur du procédé de teinture donnaient à la pourpre un prix si élevé que l'on ne pouvait avoir du temps d'Auguste pour mille deniers, environ 700 francs de notre monnaie, 500 grammes de laine teinte en pourpre de Tyr.

Les prêtres, qui cherchaient toujours à tirer avantage de ce qui peut faire impression sur le peuple prêtèrent dans les premiers temps un caractère sacré à la pourpre. C'était une couleur agréable à la divinité et qui devait être réservée à son culte et, quoique la pourpre soit perdue depuis longtemps, l'orgueil du nom s'est conservé.

La pourpre fut presque partout un attribut de la haute naissance et des dignités. Elle servait de décoration aux premières magistratures de Rome, mais le luxe qui fut porté à l'excès dans cette capitale du monde en rendit l'usage commun aux personnes opulentes jusqu'à ce que les empereurs se réservassent le droit de la porter. Bientôt elle devint le symbole de leur inauguration. Ils établirent des officiers chargés de surveiller cette teinture dans des ateliers où on la préparait pour eux seuls, principalement en Phénicie. La peine de mort fut décernée contre tous ceux qui auraient eu l'audace de porter la pourpre, même en la couvrant d'une autre teinture. La punition tyrannique décernée contre ce crime bizarre de lèse-majesté fut sans doute la cause qui fit disparaître l'art de teindre en pourpre d'abord en occident et, beaucoup plus tard en Orient où cet art était encore en vigueur dans le XIe siècle.

L'on retirait du coccus que nous connaissons sous le nom de kermès une couleur qui n'était guère moins estimée que la pourpre et que l'on alliait quelquefois avec celle-ci, comme on l'a dit plus haut.

Pline rapporte qu'elle était employée pour les

vêtements des empereurs et qu'on lui donnait ordinairement le nom d'écarlate, quoiqu'on la confondît
quelquefois avec la pourpre.

Il paraît que ce n'est que dans le siècle d'Alexandre et de ses successeurs que les Grecs cherchèrent
à donner quelques perfections au noir, au bleu, au
jaune et au vert.

Dès les premiers temps, chez les Romains, les
nouvelles mariées portaient un voile jaune et cette
couleur était réservée aux femmes. Dans les jeux du
Cirque il se formait une espèce de quadrille dont les
divisions étaient distinguées par le vert, l'orange, le
cendré et le blanc.

L'on peut juger des qualités de ces couleurs par
les substances dont on faisait usage.

M. Bertholet dit dans son ouvrage que M. Biscoff
a fait des recherches très-étendues sur cet objet; je
vais donner d'après lui l'énumération des produits
qui entraient dans l'art de la teinture de ces temps,
indépendamment du coccus et des coquillages de la
pourpre.

1° L'*alun*, que très-probablement les Anciens ne
connaissaient pas dans son état de pureté.

2° L'*orcanète*. Snidas rapporte que cette substance
servait aussi de fard aux femmes.

3° Le *sang des oiseaux*, qui fut employé par les
Juifs.

4° Le *fucus*. On préférait celui de Crête; on s'en
servait ordinairement pour donner un fond aux
bonnes couleurs.

5° Le *genêt*.

6° La *violette*. Les Gaulois en préparaient une couleur qui ressemblait à une espèce de pourpre.

7° *Lotos medicago arborea* (luzerne en arbre). L'écorce servait à teindre les peaux, et la racine était employée dans la teinture de la laine.

8° L'*écorce de noyer* et le *brou de noix*.

9° La *garance*, l'on ne sait si la garance des Anciens était la même plante que la nôtre ou quelque autre racine de la même famille.

10° La *vouëde*, cette plante était certainement employée par les anciens, mais il est douteux qu'ils lui aient donné les mêmes préparations que nous.

Il est acquis qu'il ne reste des anciens que le souvenir de leur art. Le savon était inconnu aux anciens et cette substance si utile nous donne une supériorité dans le blanchiment et dans la teinture ; ils suppléaient à son usage pour dégraisser les laines et pour blanchir les toiles par une plante que Pline nomme *radicula*, qui était appelée *struthion* par les Grecs et que quelques-uns regardent comme notre saponaire, ils y joignaient une autre plante que Pline désigne comme une espèce de pavot.

Homère nous peint la princesse Nousica et ses suivantes foulant aux pieds dans les fosses leurs habillements pour les blanchir; d'autres témoignages nous indiquent qu'on y mêlait des cendres; on faisait aussi usage de quelques terres bolaires.

Enfin la soie, dont la découverte se fit en Chine sous le règne de Hoang-ti, a été fort probablement inconnue des anciens quant à son blanchiment. Cette substance, qui est devenue si commune chez nous et qui prend des couleurs si vives et si brillantes, toutes ces circonstances ne mettent-elles pas un intervalle immense entre nous et les anciens? Mais aussi avant d'acquérir cette supériorité, combien l'Europe n'a-t-elle pas eu à déplorer les dévastations de la barbarie !

Au Ve siècle, tous les arts s'éteignaient dans l'Occident, on n'y trouva bientôt plus aucune trace de lumière, de raison, d'humanité et d'industrie; quelques arts déchus se conservèrent seulement en Italie.

Dans l'Orient, les arts se conservèrent mieux, et jusqu'au XIIe siècle l'on en tira les objets de luxe que quelques grands pouvaient se procurer pendant les Croisades; les Vénitiens profitèrent de la barbarie de ces temps pour affermir leur puissance : leurs flottes se chargèrent des approvisionnements de nos fatales émigrations, leur commerce s'enrichit, les arts s'établirent chez eux et s'éclairèrent de l'industrie des Grecs. De là ils se propagèrent dans les autres parties de l'Italie en 1338. L'on comptait à Florence 200 manufactures qui, dit-on, fabriquaient de 70,000 à 80,000 pièces de drap.

L'on rapporte environ à l'an 1300 la découverte de l'orseille, que fit par hasard un négociant de Florence ; ayant remarqué que l'urine donne une belle couleur à une espèce de mousse, il fit des tentatives et réussit à préparer l'orseille dont il tint pendant longtemps la découverte secrète.

Les arts continuèrent à être cultivés en Italie avec

un succès qui s'accrut longtemps ; en 1429 parut à Venise le premier recueil des procédés employés dans les teintures sous le nom de *Marie-Gola*, il s'en fit en 1510 une seconde édition fort augmentée. Un nommé *Giovan-Ventura Rosetti* forma le projet de donner plus d'étendue et d'utilité à cette description|; il voyagea dans les différentes parties de l'Italie et des pays voisins où les arts commençaient à renaître, pour s'instruire des procédés qu'on y suivait et il donna sous le nom de *Pietho* un recueil, qui, selon Bischoff, est le premier où l'on ait rapproché les différents procédés qui doivent être regardés comme le premier mobile de la perfection à laquelle a été porté depuis l'art de la teinture.

Il est à remarquer que dans l'ouvrage de Pietho, il n'est encore parlé ni de la cochenille, ni de l'indigo ; de sorte qu'en 1548, ces deux substances colorantes n'étaient probablement pas encore en usage dans l'Italie. Pline parle, il est vrai, d'une substance qui venait des Indes et à laquelle on donnait le nom d'*indicum*, mais on ne s'en servait que pour la peinture.

Il est cependant très-probable que les Indiens en faisaient usage dans la teinture et il paraît même que le premier qui ait été employé en Europe nous a été apporté des Indes Orientales par les Hollandais.

La culture s'en établit d'abord au Mexique et de là dans d'autres parties de l'Amérique où il a acquis des qualités supérieures.

Pendant longtemps l'Italie, et particulièrement

Venise, possédèrent presque exclusivement l'art de la teinture qui contribua à la prospérité de leurs manufactures et de leur pays ; mais peu à peu cet art s'introduisit en France.

Gilles Gobelin qui avait eu communication du procédé de la véritable écarlate, érigea un établissement dans le lieu qui porte son nom ; on regarda cette entreprise comme tellement téméraire, qu'on donna à l'établissement le nom de Folie-Gobelin et le succès étonna nos aïeux à un tel point qu'ils crurent que Gobelin avait fait un pacte avec le diable.

La découverte de la teinture en écarlate peut être regardée comme l'époque la plus remarquable de l'art dela teinture; l'on a vu précédemment que les anciens avaient donné le nom d'écarlate à la couleur qu'ils obtenaient du kermès, et qui était fort éloignée de la beauté de celle que nous désignons par là.

Des Espagnols ayant observé que les habitants du Mexique se servaient de la cochenille pour colorier leurs maisons et teindre leurs cotons, informèrent leur gouvernement de la beauté de cette couleur, et Cortès reçut en 1523, l'ordre de faire multiplier l'insecte précieux qui la produisait. Cependant la couleur que donne naturellement la cochenille est sans nom ; peu de temps après que la cochenille fut conue en Europe, un chimiste allemand nommé Kuster ou Kuffer trouva le procédé de notre écarlate par la dissolution d'étain et il emporta son secret à Londres.

En 1643, un peintre flamand nommé Kloeck ou Gluck sut se procurer ce secret et le communiqua à

Gobelin. Ce procédé se répandit ensuite dans toute l'Europe.

Kloeck, qui avait voyagé dans l'Orient où depuis les Grecs se conservait un reste d'industrie, naturalisa en Flandre l'art de la teinture sur la laine et sur la soie, et cet art y fleurit longtemps. Francheville fixe la mort de cet homme si utile à sa patrie vers l'an 1550. (1)

L'usage de l'indigo, qui fut encore une grande acquisition pour l'art de la teinture, eut plus de peine à s'établir que celui de la cochenille; il fut sévèrement interdit en Angleterre sous le règne d'Élisabeth, de même que le bois de campêche, qu'il était ordonné de brûler quand on le trouvait dans un atelier. Cette prohibition ne fut levée que sous Charles II.

L'usage de l'indigo était pareillement proscrit en Saxe : dans l'ordonnance qui fut rendue contre lui et qui rappelle l'arrêt contre l'émétique de couleur corrosive, on le traita d'aliment du diable.

C'est là un grand exemple des abus dans lesquels peut tomber une administration peu éclairée et facile à se laisser égarer par les suggestions des intérêts particuliers.

Les teinturiers en bleu, qui se servaient alors du pastel et du vouëde, représentaient que l'indigo ferait tomber le commerce de ces deux substances. lesquelles étaient des productions du pays. Ce motif.

(1) Mémoires de Berlin. 1776; tome I.

qui devait être bientôt éludé sous peine de payer un tribut à l'industrie des autres nations, ce préjugé contre l'indigo se communiqua aussi à la France, et l'on défend dans l'instruction du grand Colbert d'en mettre dans les cuves de pastel au delà d'une proportion déterminée.

Colbert donna à l'industrie française, demeurée languissante sous les ministères orageux de Richelieu et de Mazarin, un essor qui l'éleva bientôt au-dessus des progrès des autres nations, il appela les plus habiles artistes, il récompensa tous les talents, il établit plusieurs manufactures, il acheta les Gobelins, et il est à remarquer que celles de Vanrobais et de Sedan furent désignées, dans les lettres-patentes qu'on leur accordait, sous le nom de draps fins façon de Hollande et d'Angleterre. Il fit, en 1672, publier une instruction pour les teintures.

Le législateur pressent d'abord les motifs qui doivent donner de l'importance aux objets dont il s'occupera : si les manufactures de soie, de laine, de coton et de fil sont celles qui servent le plus à entretenir et faire valoir le commerce, la teinture et l'impression qui leur donnent ces belles variétés de couleurs qui les font aimer en imitant ce que la nature a de plus beau, sont l'âme sans laquelle ces corps n'auraient que bien peu de vie, et ceux-ci montreraient plutôt, dans leur état naturel, la rusticité ancienne que l'esprit d'un autre siècle, et n'offriraient qu'un médiocre intérêt, tandis que la teinture et l'impression leur donnent des agréments qui les font

-rechercher même par les nations les moins avan-
cées. Toutes les choses visibles se distinguent et se
font désirer par leurs couleurs; mais, en plaçant à
côté de plusieurs règlements l'instruction pour les
cultivateurs et pour les artistes, Colbert paya un tribut à l'esprit féodal, qui, en multipliant par des vues
fiscales les entraves du commerce, de l'industrie et
de l'agriculture, avait amené presque toute l'Europe à regarder ces entraves comme indispensables,
au lieu de s'en tenir aux mesures qui devaient servir
de garantie à la fidélité des fabrications et à la
bonne qualité des couleurs.

Il poussa le régime prohibitif au point d'exiger
que la teinture des draps noirs fût commencée chez
les teinturiers en grand teint et achevée chez ceux en
petit teint. Les premiers ne pouvaient avoir chez eux
qu'un certain nombre d'ingrédients, et les derniers
qu'un certain nombre d'autres; ni les uns ni les
autres ne pouvaient avoir du bois de Brésil. Il est
vrai toutefois que les effets funestes de ces prohibi-
tions étaient tempérés par la facilité de s'y soustraire
et par les récompenses qui attendaient ceux qui, par
des épreuves particulières, faisaient faire quelques
progrès à l'art, et dont les découvertes devaient ensuite être communiquées et produire des modifica-
tions dans les règlements. L'industrie française per-
dit sa prédominance par le forfait de la révocation
de l'édit de Nantes, qui la dispersa dans le reste de
l'Europe en portant la désolation dans nos ateliers.
A cette époque, les hommes chargés de la surveillance

des arts et manufactures ont cherché à remédier à ce funeste édit en s'occupant des moyens de relever et de faire fleurir notre industrie. Ils employèrent les moyens les plus efficaces de tous, l'instruction et la lumière qu'ils cherchèrent à répandre sur les matières colorantes, sur la force par laquelle elle adhère aux étoffes ; ils publièrent même une description méthodique des procédés que l'on employait dans la teinture en laine.

Maquer donna une description exacte des procédés qu'on exécutait sur la soie, et fit connaître les combinaisons du principe colorant du bleu de Prusse ; il chercha à en appliquer l'usage à la teinture. Les soins de l'administration eurent le succès qu'ils méritaient auprès des étrangers.

C'est ainsi qu'Anderson attribue à l'Académie la supériorité des teintures que quelques manufactures françaises avaient conservée sur celles des nations qui cependant possédaient de plus belles laines. Voici comment s'explique Home : « C'est à l'Académie des sciences que les Français doivent la supériorité qu'ils ont eue dans plusieurs arts et surtout dans celui de la teinture. » Plusieurs savants distingués suivaient avec un égal succès l'exemple donné par l'Académie des sciences de Paris.

Maquer devait encore publier un traité général des teintures, dont il avait déjà donné le prospectus en 1781 ; mais une maladie de langueur, qui depuis longtemps permettait de présager sa perte, l'empêcha de s'en occuper ; il mourut en 1784 avant d'avoir pu rien rédiger.

L'immortel Bertholet le remplaça auprès de l'administration du commerce, et fut chargé de s'occuper des arts chimiques, et tout particulièrement de la teinture. Dès lors, presque toutes les recherches qu'il a consignées dans les *Mémoires de l'Académie*, dans le *Journal physique* et dans les *Annales de chimie*, ont des rapports plus ou moins immédiats avec la théorie et la pratique des arts de ce temps.

La chimie éprouvait dans toutes ses parties une révolution qui, en substituant des vérités de fait aux hypothèses dont il avait fallu se contenter jusqu'alors, devait s'étendre sur l'explication des phénomènes obscurs que la nature nous présente ou que les arts font éclore.

L'impression et la teinture des étoffes exigent des connaissances chimiques, parce que ce sont elles qui ont le plus grand nombre de phénomènes à analyser, de variations mobiles à déterminer, de rapports à établir avec l'air, la lumière, la chaleur; quoique les travaux des savants que j'ai nommés et ceux de plusieurs autres Français ou étrangers eussent été fort utiles, soit pour déterminer les circonstances essentielles des procédés et les rendre plus méthodiques et plus simples, soit enfin pour découvrir la véritable cause des phénomènes, il ne leur avait toutefois pas été possible de former une théorie qui liât toutes les parties de l'art, qui ne laissât même beaucoup à désirer dans les explications particulières et surtout qui réunît sous un même point de vue les procédés de l'industrie et les effets de la nature.

Bertholet s'est placé entre les physiciens et les artistes : il a d'abord présenté aux premiers les points de contact entre les phénomènes que présente l'art de la teinture, ceux que l'on observe dans la nature et les principes qu'ils ont établis pour leurs découvertes. Il rappelle toutes les combinaisons qui se produisent dans la formation des couleurs, toutes les lois d'affinité, tous les changements, toutes les altérations qu'éprouvent les molécules colorantes au rapprochement des principes qui se trouvent dans la combinaison qui se forme, et il ne fait dans cette distinction que considérer deux effets des affinités : l'un, par lequel une première combinaison est produite; l'autre, par lequel les principes qui entrent dans cette combinaison obéissent à leurs affinités mutuelles. Il a présenté en outre les principes de chimie qui doivent servir à appliquer les phénomènes, il a cherché à faire sentir combien la connaissance de la chimie est nécessaire, etc.

Il est utile sans doute d'observer les faits, de les comparer, de les rapprocher pour serrer les liens qui les unissent et fonder des théories savantes, mais il est plus utile encore de savoir appliquer les principes et de répandre la lumière sur la pratique.

Si toutes les sciences ont sous ce rapport des titres plus ou moins brillants à la reconnaissance publique, personne ne contestera à la chimie les droits les plus glorieux et les mieux fondés; féconde en ressources et en moyens, elle rend tous les jours de nouveaux services à nos manufactures.

En effet, entre toutes les applications que l'on peut faire de la chimie aux arts, il n'en est assurément point de plus belle que celle qui rattache les procédés de l'art de teindre aux principes de cette science; ce n'est même que depuis que la chimie a éclairé de son flambeau cette partie de l'industrie que l'impression et la teinture ont mérité véritablement le nom d'art. Or, de tous les arts qui composent le vaste domaine de l'industrie, il n'en est point dont la théorie et la pratique offrent plus de difficultés réelles et exigent par conséquent des connaissances plus étendues que l'art de l'impression et de la teinture.

Cela ne pourra sembler un paradoxe qu'à ceux qui, habitués à ne juger des choses que superficiellement, ne voient dans cet art que des opérations mécaniques, des manipulations grossières plus propres à exercer les bras que les facultés de l'esprit. Autant vaudrait-il confondre l'art sublime de la peinture avec celui de broyer les couleurs qu'elle emploie et que les Grecs ont regardé comme sans mérite.

L'art de la teinture, dont le savant Pline lui-même s'excuse de décrire les procédés, parce que, selon lui, cet art n'a rien de libéral (1), n'était-il pas livré alors à des mains inhabiles? La thèse de Pline peut être pardonnable si l'on fait attention à l'époque où ces peuples vivaient et au temps où le célèbre naturaliste rédigeait son ouvrage immortel.

(1) *Hist. nat.*, liv. XXII, chap. II.

Quelle estime pouvait obtenir alors cet art si utile?
Quel prix pouvait on y attacher? Faut-il s'étonner
si les Grecs, nation légère et frivole; si les Romains,
dévorés par la soif des conquêtes, déchirés par les
discordes civiles, ont traité l'art de teindre à la
manière de ces plantes salutaires que le voyageur
foule aux pieds sans ménagement et sans précaution?

Mais aujourd'hui que la chimie lui a prêté le
secours de ses moyens, de ses ressources et de sa
puissance; aujourd'hui qu'il est parvenu, en France
surtout, à un degré de perfection qui fait le sujet de
l'admiration de tous ceux qui réfléchissent, quel est
celui qui pourrait lui refuser le degré d'estime qu'il
mérite et ne pas reconnaître, comme le grand Chap-
tal, que *l'art de la teinture est l'un des plus utiles et
des plus merveilleux que l'on connaisse, et s'il en est
un qui puisse inspirer à l'homme un noble orgueil,
c'est celui-là ?*

En est-il un, en effet, qui suppose des connaissances plus profondes et plus variées, qui présente
plus de difficultés, qui exige des combinaisons plus
savantes et plus délicates?

Combien d'idées n'a-t-il pas fallu rassembler,
combien n'a-t-il pas fallu étudier les lois de la nature, méditer, réfléchir, avant de pouvoir appliquer
solidement aux étoffes les couleurs qui leur donnent
tant de prix! Quel est l'art qui offre à celui qui
l'exerce un problème plus difficile à résoudre que
celui de la teinture en coton rouge d'Andrinople ou
l'impression des toiles et des foulards de soie?

En est-il un seul dont les opérations demandent à être conduites avec plus d'ordre, de finesse et de sagacité?

Il n'en est pas d'une profession chimique comme des arts mécaniques; ces derniers n'ont besoin que de quelques notions dont le cercle est assez étroit : un petit nombre de principes, de connaissances éparses et isolées peuvent suffire.

Mais en teinture, tout se lie, tout se tient, toutes les parties sont enchaînées par des rapports intimes et nécessaires avec la science qui leur sert de base; ces rapports ne se découvrent souvent qu'à la suite de longues et pénibles recherches et ne se montrent qu'à celui qui sait les reconnaître.

Admettons que des hasards heureux président quelquefois aux opérations de la teinture, toujours est-il certain que la chimie, et la chimie seule peut remonter des effets aux causes, réunir les anneaux qui composent la chaîne de ses procédés fortuits, les décrire avec méthode, les fixer avec certitude, quelquefois même les modifier et les amener à un degré de simplicité qui épargne tout à la fois le temps, le travail et la dépense.

L'art de teindre se divise en plusieurs branches, mais qui toutes se rattachent à des principes généraux comme à un tronc commun.

Ces principes sont fondés sur les lois de la chimie, et leur application suppose la connaissance d'une foule d'agents que l'art de la teinture met en œuvre, et qui ne peuvent produire des résultats utiles qu'entre les mains de ceux qui connaissent bien leurs propriétés et la manière convenable de les employer.

Aussi en voyons-nous très-souvent qui, dans la pratique de la teinture, ne sont pas familiarisés en quelque sorte avec les agents chimiques dont on fait usage, échouer dans leurs entreprises et tomber dans des méprises souvent ruineuses. Le seul moyen d'éviter ces erreurs, c'est de marcher toujours à la lueur du flambeau qui doit sans cesse éclairer les pas de l'artiste; on ne rencontrera pas alors ces anomalies choquantes, ces irrégularités fâcheuses qu'il est aisé ou commode d'attribuer au hasard ou à des causes vagues, mais qui, à coup sûr, prennent leur origine dans l'inobservation des règles qui doivent diriger l'artiste dans son travail.

A force de voir répéter un procédé, on réussirait peut-être à l'exécuter soi-même; mais ce succès machinal, s'il est permis de m'exprimer ainsi, ne durera qu'autant que l'on se trouvera placé dans des circonstances qui seront absolument les mêmes que celles que l'on a vu pratiquer dans l'opération, et que l'on sera à même de disposer des agents dont on aura appris à connaître l'emploi.

Mais supposons que quelque cause étrangère, dont on ignore l'influence ou que l'on a pas su prévoir, vienne à changer le résultat, le teinturier reste muet et confus et se voit réduit à garder un silence désespérant.

Supposons au contraire que l'on sache apprécier

l'influence de l'air, de la lumière et du calorique, reconnaître la bonne ou la mauvaise qualité des eaux, choisir les agents qu'il convient d'employer, juger de leur pureté ou de leur altération, de leur degré d'attraction chimique, et de l'énergie de leurs combinaisons; supposons que l'on ait bien étudié la nature et les propriétés des matières colorantes, la manière de les extraire, de les fixer, soit immédiatement lorsque la chose est possible, soit au moyen des mordants appropriés dans tous les cas que peut offrir la pratique, il n'y a plus dès lors ni obscurité, ni incertitude : le succès est assuré parce que le résultat est calculé avec une exactitude rigoureuse et avec la dernière précision.

Ce qui réussit aujourd'hui réussira demain, parce que tout a été prévu et que l'on a pris soin de se mettre en garde contre tout ce qui pourrait entraver la marche de l'opération et altérer les résultats que l'on se propose d'obtenir.

Voulons-nous donc rendre la pratique de l'art de la teinture aussi sûre que facile, quittons les sentiers de la routine, étudions les principes et suivons-les sans nous permettre jamais de nous en écarter.

Rappelons-nous que la carrière et l'art de l'impression et de la teinture se sont attiré une considération proportionnée à leur utilité et aux lumières qu'ils exigent.

Mon but en publiant cet ouvrage est d'indiquer les procédés que j'ai pratiqués avec succès dans les manufactures où j'ai eu l'honneur d'être employé.

Je décris ces procédés le plus simplement possible, sans entrer dans des détails sans fin et sans résultat. Les personnes qui me feront l'honneur de me lire aimeront mieux, j'en suis persuadé, avoir sous les yeux un procédé bon, utile et pratique, que des phrases longues et incompréhensibles.

DU COTON

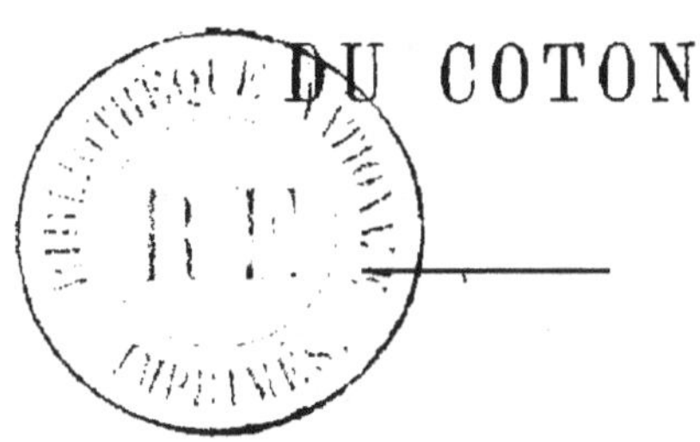

Le coton est une espèce de bourre ou de duvet qui enveloppe les semences d'une plante herbacée, ou d'un arbrisseau nommé cotonnier, et que l'on cultive surtout dans l'Asie, l'Afrique et l'Amérique ; sa culture ne réussit bien en Europe que dans certaines contrées où il règne une température à peu près égale à celle des trois autres parties du monde.

Relativement aux cotonniers et à leurs nombreuses variétés, on peut consulter le dictionnaire d'agriculture. On divise ordinairement le coton du commerce en coton des Iles et en coton du Levant.

Le premier reçoit différents noms, suivant les îles qui le fournissent ; c'est ainsi qu'on distingue le coton de la Guadeloupe, de St-Domingue, de Cayenne, de Maragnan, des Gonaïves, de Sainte-Lucie, de Marie-Galante, de Saint-Eustache, de Berbiel, de Saint-Thomas, de Surinam et d'Isséquibo. Toutes ces espèces de coton nous viennent en laine, c'est-à-dire tel qu'il sort des capsules qui le renferment. Cette laine est plus ou moins pure et nette, et son degré

de netteté détermine son prix, car lorsque le coton
est malpropre, rempli d'ordures, ou gâté par l'humi-
dité, il se file mal et donne un déchet considérable.
Le coton de Maragnan (c'est le nom d'une province
du Brésil) passe pour le plus beau et le meilleur du
nouveau continent; on lui donne même la préférence
sur celui de Cayenne, qui jouit d'une grande répu-
tation, à cause de sa blancheur et de sa finesse.

Le coton de Surinam est moins estimé que les
deux premiers, mais il est préféré à celui de Saint-
Domingue; ce dernier a de la blancheur, de la sou-
plesse, et se file très-bien, le coton de la Guadeloupe est inférieur au précédent.

Le coton du Levant, connu dans le commerce sous
le nom de coton de Chypre, est généralement moins
estimé que celui des Iles; quoique d'un beau blanc,
il est toujours très-impur, dur et sec, rempli de
nœuds qui le rendent sujet à se rompre, et n'admet
pas une filature très-fine; il ne prend pas non plus la
teinture.

On distingue près de trente espèces venant du
Levant; les uns sont appelés cotons de terre, les
autres cotons de mer. Les premiers sont ceux de la
Natolie, les seconds viennent des Iles de l'Archipel;
on les nomme aussi cotons de Salonique, des Darda-
nelles, de Gallipoli. La première qualité de ceux-ci
est la plus estimée et la plus fine.

Il n'est personne qui ne connaisse et qui n'admire
la finesse et la beauté des étoffes de coton et de
mousseline qui nous viennent des Indes. Les Euro-

péens, moins adroits peut-être, mais d'un esprit plus inventif, ont imaginé ces superbes machines qui leur servent à filer le coton et qui feront la gloire du siècle et l'admiration de la postérité.

Le coton est devenu un objet de première importance pour l'industrie française, depuis qu'elle est parvenue à lui appliquer solidement ces couleurs variées, riches et brillantes; c'est à la supériorité des procédés employés dans l'impression et la teinture que les fabriques de Mulhouse, de Rouen, d'Amiens, de Roubaix, de Toulouse et d'Avignon doivent leur grandeur et leur fortune, etc.

Avant d'exposer les opérations du blanchiment, je vais faire la description des divers appareils et objets nécessaires pour une blanchisserie, sans toutefois donner le dessin du matériel, que je réserverai pour la fin de l'ouvrage.

ATELIERS.

Balance et bascule.
Cordes.
Toile d'emballage.
Chevilles.
Chevillons.
Cuve.
Baquets, chaudière, réservoir.
Battoirs.
Planches à battre, table.

Perches.

Étendage à chaud et à l'air.

Tréteau.

Bac.

Seau.

Bassin.

Bâtons.

Clapeau.

Lunette en verre avec rouleau.

Foulard.

Cylindre en cuivre chauffé à la vapeur pour sécher les pièces.

Essoreuse.

Rouleau pour visiter les pièces.

Cylindre pour glacer.

Calandre.

Presse pour presser les étoffes.

Presse pour plier les cotons ou fils, etc.

CUVES POUR LES FILS.

Les fils de lin et de chanvre exigent un nombre plus ou moins grand de cuves d'un carré long et qui dépend de la quantité de fil que l'on désire blanchir par jour.

Je vais en désigner ci-après les plus nécessaires, c'est aux blanchisseurs d'en monter selon leurs besoins.

1° Les cuves ont une surface de 4 à 5 mètres de

long sur 1 mètre 25 centimètres à 1^m 50 de large et de 1^m 50 de profondeur.

Cette profondeur est nécessaire par rapport aux fils de chanvre et de jute dont les écheveaux sont toujours très-longs.

Je classe tout de suite ces cuves selon leur emploi.

1° Cuve à l'acide chlorhydrique à 2 ^{d} d'acide ;

2° Cuve à l'eau froide ;

3° Cuve au chlorure de chaux à 2 1/2 ^{d} de chlore ;

4° Seconde cuve à l'eau froide.

Chaque cuve à l'eau dans laquelle vous aurez rincé soit l'acide , soit le chlore, doit servir toujours au même usage. Comme vous le voyez, toutes ces cuves sont de la même capacité et elles sont desservies par une ou plusieurs grues pour descendre ou monter le cadre sur lequel vous placez vos baguettes ; sur ces dernières vous avez placé vos fils qui doivent entrer dans la cuve au chlore ou dans la cuve à l'acide.

DU BLANCHISSAGE DES COTONS EN ÉCHEVEAUX.

Assez généralement aujourd'hui on blanchit dans des cuves en bois chauffées à la vapeur, au fond desquelles à 20 ou 30 centimètres, on place une grille en bois ou en fer traversée au centre par une colonne verticale garnie à sa partie supérieure d'un champignon, d'où la lessive remonte alternativement étant chassée par la vapeur pour se diviser en un jet continu

exactement comme un jet d'eau des bassins de nos
jardins publics. Ces grilles sont recouvertes d'une
toile d'emballage ; dans cet état on y place le coton
panté au moyen de cordes.

Pour ne pas revenir sur le pantage des fils, je les
confonds avec le pantage des cotons.

La première opération à faire au coton ou aux fils,
c'est d'en faire les centaines à tous les écheveaux
grands ou petits ; car il y a beaucoup d'endroits où
les fileuses ne les arrêtent seulement pas.

Comme le fil mouillé s'enfle près de moitié de son
volume, il est bon de relâcher toutes les centaines
faites, de manière qu'à cet endroit l'écheveau roule
très-librement ; s'il se trouvait serré, il y aurait à
craindre que le blanc n'y fût pas égal : une personne
peut arrêter et relâcher les centaines de 50 kilos de
fil par jour.

C'est là d'ailleurs plutôt l'occupation des femmes
que celle des hommes.

Les centaines faites, on passe une ficelle à travers
deux ou trois écheveaux selon leur grosseur, ensuite
d'après la quantité des nœuds que l'on fait sur l'un
des deux bouts ou sur tous deux indépendamment
de celui qui les réunit, on reconnaît en tenant note
sur le registre de recette, les personnes à qui elles
appartiennent.

La réunion de plusieurs écheveaux assemblés par
une ficelle, s'appelle pante. On tient compte aussi
du poids du fil et du nombre des pantes, tant du fil
uni que du retors ou simplement viré. Ces différentes

remarques doivent du reste se faire sur le registre dèsque lamarchandiseestarrivée, decrainted'oublier ou de se méprendre.

Les ficelles pour panter doivent être débouillies d'avance, afin d'ôter le parement que le cordier y met pour les lisser ou les lustrer, pour les assouplir et les empêcher de se replier ou de se tordre entre elles, quand elles commencent à sentir la chaleur des lessives. Ces ficelles peuvent longtemps servir pour le même usage.

1re *Opération.* — On range les fils lit par lit dans les cuves à lessiver et on a soin de coucher au-dessus de chaque pante les ficelles qui en réunissent les écheveaux afin de ne pas se trouver embarrassé pour les retirer.

Il est bon aussi de ranger de suite les parties qui appartiennent aux mêmes personnes. Les fils fins doivent toujours être placés les derniers afin qu'aucun ne s'élève et qu'ils soient continuellement baignés ; on les charge d'un couvercle troué.

On remplit après la cuve d'eau de 5 à 6 centimètres au-dessus des cotons, on chauffe au moyen de la vapeur pour amener l'eau à l'ébullition. Arrêtez ensuite la vapeur, faites couler à peu près le cinquième de la quantité d'eau, fermez votre robinet, ajoutez d'abord votre dissolution de soude n° 1 ensuite votre lessive savonneuse n° 2.

Remettez alors le couvercle sur votre cuve, portez de nouveau à l'ébullition, faites bouillir pendant 8 heures, fermez votre vapeur, ensuite videz votre lessive par le bas de votre cuve, et faites couler de l'eau sur vos cotons pour les dérougir.

Cette opération prend à peu près deux heures pour que l'eau sorte claire ; cela terminé, remplissez de nouveau votre cuve avec l'eau nécessaire, portez de nouveau à l'ébullition, arrêtez ensuite la vapeur, faites couler un peu d'eau par terre, vous ajoutez la dissolution de soude n° 4, vous couvrez votre cuve, donnez la vapeur et laissez bouillir quatre à cinq heures, après vous coulez cette lessive parterre, ensuite vous rafraîchissez et vous décuvez vos cotons, vous les rincez à fond et vous les essorez. Cette seconde ébullition en soude est indispensable, elle a pour but d'enlever la résine qui pourrait rester attachée aux tissus et aux fils. Après cette opération vous remettez vos cotons en cuve pour être chlorés.

CUVE A CHLORER.

Vous remettez vos cotons dans une cuve également garnie d'une grille de 20 ou 30 centimètres du fond.

La cuve est munie sur un côté d'une ouverture par laquelle vous introduisez un tuyau en plomb recourbé sur lui-même servant de siphon, vous le faites plonger dans la cuve à 10 centimètres du fond et par ce tuyau la lessive coule dans un baquet placé près de la cuve.

Vos cotons sont disposés de la même manière que

dans la cuve à lessiver, vous les coulez quatre heures avec du chlorure de chaux à 1 ^{d} (pour 100 kilogrammes cotons il faut 600 litres de chlore à 1 ^{d}).

A cet effet, un homme verse le chlore, qui coule dans le baquet placé sous le siphon, sur le coton au moyen d'une casse, espèce de casserole en cuivre fabriquée pour cet usage. Il est bon d'avoir un ouvrier intelligent pour ces opérations et qu'il comprenne bien qu'il est nécessaire de bien égaliser son bain de chlore sur toutes les parties du coton ; s'il le versait toujours à la même place, en outre que la blancheur ne serait pas égale, il y aurait danger de brûler la partie qui recevrait constamment le bain. L'opération terminée, vous faites couler le bain de chlore en ayant soin de le recueillir et de le verser dans vos réservoirs où vous délayez votre chlore.

La partie de chlore que le siphon n'a pu tirer, faites-la couler parterre par le bas de votre cuve percée à cet effet et munie d'un bouchon de bois pour cet usage.

Après l'écoulement du bain de chlore, vous coulez trois heures avec le plus grand soin et vous versez avec la plus grande activité possible, au moyen d'un seau, un bain d'acide sulfurique à 1 ^{d} centigrade, soit 500 litres à peu près d'acide à 1 ^{d}

Comme pour le chlore, vous versez sur vos cotons votre bain qui s'écoule par votre siphon dans un baquet ; ce travail demande encore plus de soins que celui du coulage au chlore pour la distribution de l'acide.

Ce dernier forme avec le chlore du sulfate de chaux, tandis que le chlore mis à nu, réagit sur la matière colorante et le déshydrogène ; ce qui s'écoule par le siphon, vous le reversez sur votre coton avec un cassin et de la manière la plus égale possible. Après vous faites couler parterre l'acide par le bas de la cuve ; quand l'acide est écoulé pendant deux heures vous faites couler de l'eau sur votre coton en la laissant couler parterre jusqu'à ce qu'il ne reste plus de trace d'acides. Vous levez vos cotons, vous les rincez encore une fois à la main, vous les essorez ensuite, vous les remettez en cuve pour être chlorés.

Il faut avoir bien soin de toujours les mettre croisés dans la cuve. Vous les couvrez de nouveau avec de la toile d'emballage et vous faites couler de nouveau pendant 5 heures comme la première fois avec 600 litres de chlore à 1 ^{d}; l'opération terminée, vous décantez le chlore, vous le videz dans vos réservoirs à chlore : ce qui reste au fond de la cuve, vous le faites couler parterre. Après vous faites couler pendant deux à trois heures avec un bain de 500 litres d'acide muriatique à 1 ^{d} 1/2. Vous faites l'opération exactement comme avec l'acide sulfurique, l'opération terminée, vous faites couler l'acide parterre.

Lorsque l'acide est bien écoulé, vous faites couler pendant deux heures de l'eau sur votre coton. Par le bas de votre cuve, vous laissez couler l'eau parterre ; l'opération terminée, vous décuvez vos cotons et vous les lavez à fond en les battant un peu avec un battoir de blanchisseuse.

Lorsque vous êtes certain qu'ils sont dégagés de l'acide, vous passez au savon à la main, mateau par mateau avec 3 °/₀ de savon blanc de Marseille (Dissolution n° 8). Chaque mateau passé au savon est tordu sur le bain le plus également possible. Si ce sont des blancs mats, vous les essorez, les battez à la cheville et vous les portez à l'étendage à l'air ou à la chambre chaude, et pendant le temps qu'ils mettent à sécher, vous les faites battre deux à trois fois sur les perches pour que le fil soit bien tendu.

Si ce sont des fils retors, ou des fils à coudre qui aient tendance à se friser en séchant, vous les chargez par le bas d'une espèce de rouleau auquel vous placez un poids à chaque extrémité.

Si, au contraire, ces fils sont pour grands blancs, vous les azurez à la suite du savonnage sur un nouveau bain très-léger de savon auquel vous ajoutez une petite quantité de bleu d'outremer n° 9 que vous avez eu soin de délayer d'avance dans une quantité d'eau ou de dissolution de savon. Vous passez à la main sur ce bain d'azur et vous tordez après le plus également possible quand toute votre partie est azurée et que vous voyez pendant le travail que ce qui est azuré ne change pas, vous continuez pour tout essorer ensemble ; si vous voyez au contraire qu'il se marbre, vous le faites essorer et étendre. La cause qui fait que le bleu se détruit par places, c'est la présence de vapeurs acides ; après l'opération, vous faites porter à l'étendage et vous faites exécuter le même travail que j'ai indiqué plus haut. Les petits blancs, il faut les débouillir également huit heures. Ces blancs sont traités avec une moindre quantité de lessive n° 2; on emploie la vieille lessive de préférence.

Les lavages en cuve se font de la même manière que pour les grands blancs et en général le travail est le même. Vous ne donnez qu'un chlore, qu'un acide, qu'un savon seulement. Une fois les cotons secs, vous les ôtez de l'étendage, vous les faites battre à la cheville, vous les pliez, vous les mettez en paquets et vous les ficelez pour les rendre.

Je donnerai à la suite un autre procédé de blanchiment que l'on emploie généralement à Paris et à Rouen, dans le Nord et le Midi de la France.

Celui que je donne ici ou à peu près, s'emploie à Mulhouse, chez M. Haeffely et dans une partie des fabriques d'impression. L'autre procédé donne un moindre résultat et plus de travail, tandis que celui-ci fonctionnant comme savon, agit avec plus d'affinité sur les matières.

PRÉPARATION DU CHLORE.

Supposez 100 kilog. de coton à blanchir : vous délayez avec soin, avec une spatule en bois, 12 à 15 kilog. de chlorure de chaux sec (chlore de Saint-Gobain si vous ne le fabriquez pas vous-même).

Vous ajoutez de l'eau par petite quantité pour bien délayer; si vous avez du chlore qui a déjà servi employez-le au lieu d'eau.

L'opération terminée, vous ajoutez encore à peu près 1,200 litres d'eau pour un total de 1,400 à 1,500 litres.

Vous remuez bien votre dissolution de chlore, après vous l'abandonnez à elle-même pour que le bain devienne clair, vous titrez ensuite pour voir si avez un degré (1°). Si c'est nécessaire, vous ajoutez de l'eau pour le réduire; vous le passez au tamis fin; pour vous en servir, il est très-important qu'il ne reste pas un brin de chlore dans le bain que vous employez, car s'il en restait, en s'attachant aux fils et aux autres tissus, il pourrait les brûler.

DISSOLUTION DE SAVONS DE MARSEILLE N° 8.

Dans deux seaux d'eau bouillante (20 litres à peu près) vous faites dissoudre, pour corriger l'eau qui contient toujours un sel de chaux, une petite quantité de carbonate de soude; après la dissolution, vous y faites dissoudre 3 kilogrammes de savon que vous avez fait couper par parcelles.

Après la dissolution, vous la passez au tamis et vous l'employez par petites parties pour y passer vos mateaux de cotons ou de fils.

BLEU D'OUTREMER N° 9 POUR AZUR.

Vous délayez ce bleu avec une quantité d'eau, vous le passez au tamis, et chaque fois que vous en prenez pour garnir votre bain d'azur vous l'agitez un peu : ce bleu n'étant pas soluble à l'eau se précipite lorsqu'il n'est pas en mouvement.

On ne peut déterminer la quantité à employer pour 100 kilog. de fil parce que l'artiste doit se conformer à la nuance que le négociant lui remet.

DISSOLUTION DES SELS DE SOUDE N° 1.

Pour 100 kilog. de coton, dissoudre dans un seau d'eau bouillante :

$1^k,500$ gr. de carbonate de soude,

$1^k,500$ gr. de sel de soude.

Après la dissolution, vous versez sur vos cotons à lessiver.

LESSIVE SAVONNEUSE N° 2.

25 litres d'eau de chaux n° 3, que vous mettez dans une chaudière en fer ou en cuivre,

$2^k,500$ gr. de carbonate de soude,

$2^k,500$ gr. de sel de soude.

Faites dissoudre en faisant bouillir, ajoutez ensuite :

2^k,400 de colophane.

Faites bouillir jusqu'à complète dissolution de la colophane, après quoi vous versez ce savon sur vos cotons.

EAU DE CHAUX N° 3.

20 kilog. de chaux vive hydratée avec un peu d'eau ; la délayer ensuite avec 200 litres d'eau. Employez-le clair.

Pour cela, percez un trou au tonneau dans lequel est votre chaux à quelques centimètres au-dessus du précipité.

DISSOLUTION DE SOUDE N° 4.

Dans un seau d'eau bouillante, vous faites dissoudre :

3 kilog. de carbonate de soude,

2^k,500 gr. de sel de soude.

Après la dissolution, vous versez sur vos cotons.

J'engage les personnes qui monteraient une blanchisserie de ne monter que des cuves de 500 kilog.

L'opération se fait mieux dans ces cuves que dans celles de 1,000 kilog. La charge que communique la partie supérieure à la partie intérieure empêche quelquefois le milieu de la cuve d'être très-bien atteint. Dans ce cas, on est obligé de lessiver de nouveau, de chlorer et de passer en acide les mateaux qui laissent à désirer.

Enfin la science du blanchisseur repose sur le mérite de faire un blanc très-beau, très-brillant, sans désagréger les matières ; avec le procédé en main, tout le monde peut blanchir, mais il faut observer les opérations pour éviter les accidents.

Ce que l'on appelle dérougir, dans les ateliers, c'est faire couler de l'eau sur les fils ou sur les toiles pour les dégager de leur lessive.

NOMBRE D'OPÉRATIONS ET DE MAIN-D'ŒUVRE POUR LE BLANCHISSAGE DE 100 KILOG. DE COTON FILÉ.

1° Bouillir huit heures en lessive de soude n° 1 et le savon n° 2 ;

2° Après vos huit heures, vous videz votre lessive ;

3° Vous coulez de l'eau sur vos cotons pendant deux heures pour les dérougir ;

4° Bouillir pendant quatre heures avec la dissolution de soude n° 4, après vous videz votre lessive ;

5° Vous coulez de l'eau sur vos cotons pour les rafraîchir ;

6° Vous décuvez vos cotons ;

7° Vous les lavez à la main ;

8° Vous les essorez ;

9° Vous les remettez en cuve ;

10° Vous les coulez quatre heures au chlore ;

11° Vous videz votre chlore ;

12° Vous coulez trois heures avec acide sulfurique à 1° ;

13° Vous faites couler de l'eau sur vos cotons ;

14° Vous les décuvez ;

15° Vous les rincez à la main et les essorez.

16° Vous les remettez en cuve pour être chlorés pendant cinq heures avec du chlore à 1° ; vous videz votre chlorure après ;

17° Vous coulez pendant trois heures avec acide chlorhydrique à 1° 1/2 ;

18° Vous videz votre acide ;

19° Vous lavez ;

20° Vous essorez ;

21° Vous passez en savon ;

22° Vous azurez ;

23° Vous essorez ;

24° Vous battez à la cheville ;

25° Vous mettez à l'étendage ;

26° Vous battez sur les perches ;

27° Vous détendez ;

28° Vous battez à la cheville ;

29° Vous pliez et vous ficelez pour rendre.

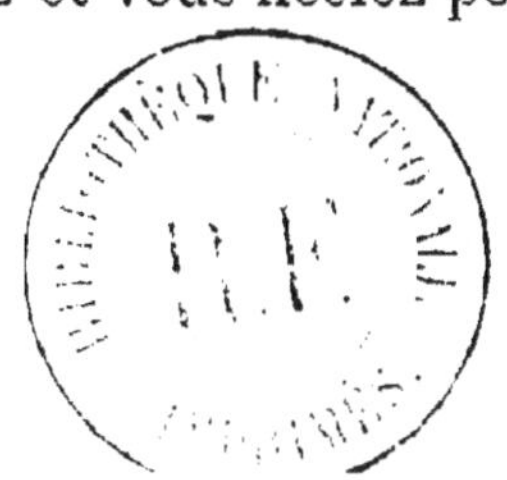

Pour ne pas revenir sur les cuves à lessiver, je vous dirai que ce seront toujours les mêmes que j'emploierai, également pour les toiles et les calicots, etc.

DU LIN ET DU CHANVRE

Je réunis ces deux substances dans un même cadre, parce qu'elles s'offrent sous le même rapport à l'art de la teinture ; quoiqu'elles aient l'une et l'autre, pour les matières colorantes, une affinité moindre que le coton, cependant elles se teignent toutes les deux par les mêmes procédés que ceux qui servent à teindre ce dernier.

Le lin est une plante annuelle qui est cultivée dans toutes les parties du monde.

Dans certains pays, on préfère le lin à tige élevée, et qui donne beaucoup de filasse; dans d'autres, on préfère le lin à tige moyenne et à filasse fine.

Le lin, avant d'être converti en fils et en toiles, exige certaines préparations, dans chacune desquelles son écorce, dépouillée de plus en plus de sa partie gommeuse et de sa partie ligneuse, s'assouplit par degrés et devient enfin propre à la filature.

La première de ces préparations est le rouissage, qui a pour objet de dissoudre la matière glutino-gommeuse, qui non-seulement unit les fibres du lin entre elles, mais qui les tient en même temps collées à la partie ligneuse de la tige par la fermentation qui s'établit dans le rouissage.

L'essentiel est de déterminer le degré de fermentation nécessaire au dépouillement de la tige sans altérer la filasse : si le lin est trop roui il se pourrit et le fil se casse aisément; s'il ne l'est pas assez, une partie du gluten y reste attaché, et les préparations successives qu'il doit recevoir deviennent plus difficiles.

Le lin étant roui, on le lave avec soin pour entraîner le gluten et on le fait ensuite sécher au soleil, et on le retourne de temps en temps. Dès qu'il est sec on sépare la filasse de la partie ligneuse, soit en le frappant sur un banc de bois bien uni avec un battoir de blanchisseuse, soit en le broyant à l'aide d'un instrument nommé *broye,* ou de moulins en bois ou en pierre. La filasse qui en sert étant secouée à plusieurs reprises n'a plus besoin après que d'être peignée.

Le lin, après ce travail, se met en bottes; on le met en cordons s'il est fin et destiné pour la filature et le tissage.

Le meilleur lin est doux, liant, fort, luisant.

C'est avec le fil du lin que l'on fabrique les plus belles toiles et les dentelles.

Le chanvre paraît être originaire des Indes; il croît naturellement en Perse; on le cultive beaucoup en Europe, depuis très-longtemps : il s'y est presque naturalisé. C'est une plante annuelle dont la tige s'élève jusqu'à trois mètres. On appelle improprement chanvre mâle celui qui porte la graine, et chanvre femelle celui qui ne porte que des fleurs; dans l'un et l'autre ce sont les filaments de l'écorce qui servent à faire des cordes, des voiles pour les vaisseaux, et des toiles plus ou moins belles. Le chanvre, comme le lin, avant de pouvoir être employé demande à être roui, taillé ou broyé et peigné; ces diverses préparations s'exécutent par des procédés semblables à ceux du lin. La graine du chanvre s'appelle chènevis; on en fabrique par expression une huile assez douce.

Le travail pour lessiver et pour la mise en cuves est le même que pour les cotons.

On se sert des mêmes cuves.

Les fils de lin, de chanvre, de jute, ne peuvent être coulés ni avec le chlore, ni avec l'acide, comme les cotons. Les tentatives faites par moi et par d'autres personnes, n'ont toujours donné que des résultats très-imparfaits. Pour y remédier, on a donc dû avoir recours à d'autres systèmes. Plusieurs sont employés: celui que j'ai trouvé le plus économique est sans contredit celui de M. Jarosson, il consiste en cuves en bois carrées garnies de plomb à l'intérieur.

Vous placez vos fils sur des baguettes en bois très-lisse pour qu'ils ne s'y attachent pas. Vous placez ces baguettes garnies de fils sur un cadre mobile fait pour ce travail et vous l'introduisez au moyen d'une grue, dans la cuve au chlore, ou à l'eau, ou à l'acide.

Un autre système consiste à placer les fils sur des

rouleaux en bois de 10 à 12 centimètres d'épaisseur, que vous placez ensuite sur des coussinets qui reposent sur le bord des cuves à chlore, ou à l'eau, ou à l'acide.

Vous tournez ces rouleaux au moyen d'une manivelle pour déplacer les fils afin qu'ils soient chlorés ou passés à l'acide d'une manière uniforme.

NOMBRE D'OPÉRATIONS.

1° Bouillon de douze heures en lessive de soude n° 5 et savonneuse n° 6 ;

2° Dérougir pendant deux heures à l'eau ;

3° Bouillir cinq heures avec la soude n° 7 ;

4° Rafraîchir et décuver ;

5° Rincer et essorer ;

6° Mettre en baguettes ;

7° Mettre vos baguettes sur le cadre ;

8° Entrer votre cadre dans la cuve à chlore à 2 degrés 1/2 ;

9° Lever et laisser égoutter ;

10° Entrer dans la cuve à l'eau ;

11° Lever et laisser égoutter ;

12° Entrer dans la cuve à l'acide chlorhydrique 2ᵖ ;

13° Lever et laisser égoutter ;

14° Passer dans la cuve à l'eau ;

15° Lever et laisser égoutter ;

16° Entrer dans la cuve au chlore ;

17° Lever et laisser égoutter ;

18° Entrer dans la cuve à l'eau ;

19° Lever et laisser égoutter ;

20° Entrer dans la cuve à l'acide chlorhydrique à 2 ^{d};

21° Lever et laisser égoutter ;

22° Entrer dans la cuve à l'eau ;

23° Lever et laisser égoutter ;

24° Oter des baguettes ;

25° Laver vos fils à fond ;

26° Essorer ;

27° Passer en savon ;

28° Azurer ;

29° Essorer ;

30° Battre à la cheville ;

31° Mettre à l'étendage à l'air ;

32° Battre sur les perches ;

33° Lorsqu'ils sont secs, les étendre, les battre à la cheville, les plier.

DISSOLUTION DES SELS DE SOUDE N° 5 POUR 100 KILOS DE FIL.

Dissoudre dans 15 litres d'eau bouillante :

2^k 500 gr. de carbonate de soude.

2^k de sel de soude.

Après la dissolution vous versez sur vos fils.

LESSIVE SAVONNEUSE N° 6 POUR 100 KILOS DE FIL.

30 litres d'eau de chaux n° 3 que vous mettez dans une chaudière en cuivre ou en fer, ajoutez :

3 ᵏ 500 gr. de carbonate de soude.
2 ᵏ de sel de soude.

Faites dissoudre au bouillon , ensuite ajoutez 2 ᵏ 600 de colophane, faites bouillir jusqu'à complète dissolution de la colophane, après vous versez ce savon sur vos fils.

DISSOLUTION DE SOUDE N° 7 POUR 100 KILOS DE FIL.

Dans un seau d'eau bouillante vous faites dissoudre :

4 ᵏ de carbonate de soude.
2 ᵏ de sel de soude.

Après la dissolution vous versez sur vos fils.

MARCHE A SUIVRE POUR LE BLANCHIMENT DE 100 KIL. DE FIL DE LIN OU DE CHANVRE.

1° Vous placez dans les cuves à lessiver vos fils de la même manière que les cotons que j'ai déjà indiqués ;

2° Vous les couvrez de toile d'emballage, ensuite d'une grille en bois ou en fer pour qu'ils ne remontent pas à la surface ;

3° Vous faites couler de l'eau dessus pour les couvrir d'eau de 3 à 5 centimètres ;

4° Vous mettez un couvercle sur votre cuve ;

5° Vous mettez l'eau à l'ébullition, lorsqu'elle bout, vous arrêtez la vapeur et vous ôtez le couvercle ;

6° Vous faites couler parterre un peu d'eau pour faire place à vos dissolutions de soude n° 5 et de savon n° 6, que vous versez sur vos fils ;

7° Vous remettez votre couvercle sur votre cuve ;

8° Vous mettez votre lessive à l'ébullition ; après les douze heures d'ébullition, vous arrêtez la vapeur ;

9° Vous videz votre lessive par le bas de votre cuve dans votre réservoir ;

10° Ensuite pour dérougir, vous faites couler de l'eau pendant deux heures sur vos fils et vous la laissez écouler par le bas de votre cuve ;

11° Vous décuvez vos fils, pour rincer à la main, ensuite vous essorez ;

12° Vous mettez vos fils en baguettes pour être passés à l'acide chlorhydrique. Lorsqu'ils sont mis en baguettes, vous placez les baguettes sur le cadre ;

13° Vous entrez pendant vingt minutes votre cadre garni des fils, dans la cuve à l'acide chlorhydrique à 2 ^{d}, vous agitez un peu vos fils dans l'acide pour qu'ils s'égalisent ;

14° Ensuite vous levez votre cadre avec la grue, vous laissez égoutter cinq à dix minutes en agitant un peu le cadre pour faire couler l'acide ;

15° Vous entrez votre cadre dans la cuve à l'eau pendant deux à trois minutes ;

16° Vous levez et vous laissez égoutter un peu ;

17° Vous ôtez vos fils des baguettes, vous les lavez à fond et vous les essorez ;

18° Vous remettez vos fils dans la cuve à lessiver, vous la couvrez avec les toiles d'emballage, vous y mettez la grille, ensuite vous faites couler de l'eau dessus, après vous y ajoutez votre dissolution de soude n° 7, vous finissez de remplir la cuve d'eau, à trois ou cinq centimètres au-dessus des fils ;

19° Vous couvrez votre cuve avec le couvercle, ensuite vous mettez la lessive à l'ébullition, vous faites bouillir pendant cinq heures ;

20° Vous arrêtez la vapeur ;

21° Vous faites couler cette lessive par terre par le bas de votre cuve ;

22° Vous ôtez le couvercle ;

23° Vous rafraîchissez avec de l'eau et vous la faites couler par le bas de votre cuve ;

24° Vous décuvez vos fils ;

25° Vous les lavez à la main ;

26° Vous les essorez ;

27° Vous les mettez en baguettes ;

28° Vous placez vos baguettes sur le cadre et, au moyen de la grue, vous les entrez pendant une heure dans la cuve de chlorure de chaux à 2 1/2 degrés, vous agitez votre cadre de temps en temps, et ayez grand soin que les fils baignent très-bien dans le bain ;

29° Après l'heure en chlore, vous levez votre cadre, vous laissez égoutter cinq à dix minutes ;

30° Vous entrez ensuite votre cadre dans la cuve à l'eau froide pendant une ou deux minutes ;

31° Vous levez votre cadre, vous laissez égoutter quelques minutes ;

32° Vous entrez pendant quarante à quarante-cinq minutes dans la cuve à l'acide chlorhydrique à 2ᵈ, vous avez soin d'agiter votre cadre dans les bains ;

33° Vous levez de l'acide, vous laissez égoutter pendant cinq à dix minutes ;

34° Vous entrez dans la cuve à l'eau pendant une ou deux minutes, vous levez, vous laissez égoutter un peu ;

35° Vous entrez votre cadre pendant une heure dans votre chlore à 2 1/2 degrés, vous agitez un peu vos fils dans le chlore pour qu'ils s'égalisent ;

36° Vous levez votre cadre, vous laissez égoutter cinq à dix minutes, ensuite vous l'entrez dans votre cuve pendant une ou deux minutes ;

37° Vous levez, vous laissez égoutter cinq à dix minutes ;

38° Vous l'entrez dans la cuve à l'acide chlorhydrique à 2ᵈ pendant trente minutes, ensuite vous levez, vous laissez égoutter ;

39° Vous l'entrez dans la cuve à l'eau une ou deux minutes ; vous levez, vous laissez égoutter quelques minutes ;

40° Otez vos fils des baguettes et lavez-les à fond ;

41° Ensuite vous essorez.

PASSAGE EN SAVON.

Dans un baquet de 30 litres à peu près, vous mettez 15 litres d'eau chaude à la chaleur de la main. Comme la plupart des eaux contiennent toujours un sel de chaux, vous avez soin de les corriger avec un peu de carbonate de soude. Ensuite vous ajoutez une petite quantité de dissolution de savon de Marseille n° 8. Il est nécessaire que votre bain soit un peu gras à la main ; vous passez votre fil dans ce bain 3 ou 4 tours le plus également possible, ensuite vous tordez à la main ; et vous le mettez en tas à mesure que vous le passez.

Cette première opération terminée, vous avez un second baquet également de 30 litres. Vous mettez dans ce baquet 15 litres d'eau chaude, à la chaleur de la main, que vous avez aussi corrigée avec du carbonate de soude.

Vous y mettez un peu de dissolution de savon de Marseille n° 8 et une quantité de bleu d'outremer n° 9 pour azurer à la nuance de l'échantillon qui vous a été demandé, ensuite vous essorez vos fils, après vous les battez à la cheville, vous les portez à l'étendage à l'air, vous les étendez sur les perches, ensuite vous les battez. Lorsqu'ils sont secs, vous

les ôtez de l'étendage, vous les battez à la cheville,
vous les pliez pour les rendre.

Si le blanc laissait à désirer, il faudrait lui donner
avant le passage en savon, au 3ᵉ chlore, un 3ᵉ acide
chlorhydrique, après vous passeriez en savon et en
bleu.

Les fils de Russie étant plus durs à blanchir
exigent souvent une seconde lessive savonneuse
n° 6, c'est au blanchisseur de juger après le rinçage
de la lessive de soude.

DU JUTE

Les Chinois utilisent aussi deux corêtes comme filamenteuses. Ces espèces qu'ils nomment *tsingma* existent à l'état sauvage dans les montagnes de la Chine et dans l'Inde ; elles fournissent trois récoltes par an. On les multiplie par éclats de pieds ou par graines. M. Hardy a cultivé en 1857 ou 1859 le corête textile avec succès. La pépinière centrale à Alger le sema le 15 mai et les plantes atteignirent en novembre 1ᵐ 25 à 1ᵐ 50 de hauteur. Les tiges, après dix jours de rouissage, donnèrent 2,000 kilos de filasse à l'hectare. En Chine, selon M. Itier, on prépare les tiges de corêtes en les plaçant verticalement au-dessus d'une chaudière peu profonde et remplie d'eau en ébullition. Au bout de quelques heures on les retire pour les faire sécher au soleil. Quand elles sont sèches on les trempe dans l'eau froide et on détache l'écorce qu'on divise ensuite à l'aide de peignes. Le fil se fait sans torsion en réunissant les fibres bout à bout. La filasse des corêtes manque de ténacité, mais on peut l'utiliser dans la confection des tapis et de la passementerie. M. Hargraeve en a obtenu, en 1845, des résultats satisfaisants. Les Anglais en reçoivent annuellement des quantités considérables de l'Inde. Ils l'appellent *jute* et le mêlent avec le chanvre pour confectionner des étoffes. Au Bengale, d'après le docteur Borke, il sert à faire des vêtements ou des toiles d'emballage. Le sucre, le riz sont importés de l'Inde en Europe dans des sacs de jute.

Le corête textile signalé pour la première fois par M. Hardy, n'est peut-être que le corête capsulaire. Nonobstant, le genre corchorus renferme plusieurs espèces filamenteuses qui servent en Chine et en Cochinchine à faire des toiles et des cordes. Le corête capsulaire atteint en Chine de deux à trois mètres de hauteur. Il a été introduit en Europe en 1725. On parvient à le cultiver dans le midi de l'Europe.

BLANCHISSAGE DU JUTE.

Il se blanchit assez bien, mais le blanc ne tient pas. Après quelques jours de blanchissage il devient d'un jaune grisâtre ; cependant j'en ai blanchi qui était beau et dont le blanc s'est bien conservé.

Le jute ne peut pas supporter le bouillon, qui le fatigue tellement que les brins n'ont plus de liaisons entre eux. Il est préférable de blanchir cette substance par petites parties plutôt que par grandes.

Il est nécessaire qu'elle soit à l'aise dans les cuves à lessiver.

LESSIVAGE POUR 100 KILOS DE FIL DE JUTE.

Faites-les tremper à 55 ^{d} ou 60 ^{d} de chaleur dans une lessive de soude caustique à 3 ^{d} n° 9. Vous coulez pendant le temps pour déplacer la lessive, après vous videz votre lessive, vous faites couler de l'eau sur vos fils que vous laissez vider par le bas de votre cuve.

Lorsque l'eau sort à peu près claire, vous fermez le robinet.

Vous laissez couler l'eau de la cuve, ensuite vous lavez vos fils, et vous finissez de les rincer avec ménagement. Le fil mouillé n'ayant plus de liaison se séparerait. Après vous essorez vos fils, vous les mettez en baguettes comme les fils de lin ou de chanvre, ensuite vous mettez vos baguettes sur le cadre et vous entrez pendant trente minutes dans votre cuve à l'acide chlorydrique 2 ^{d} ; ensuite vous levez, vous laissez égoutter, après vous entrez dans la cuve à l'eau pendant quelques minutes, vous levez votre cadre, vous laissez égoutter un peu, ôtez votre fil des baguettes et donnez une seconde lessive semblable à la première; ensuite vous videz votre lessive, vous faites couler de l'eau sur vos fils et vous la laissez échapper par le bas de la cuve, vous les levez, vous finissez de les rincer en les piétinant un peu, ensuite vous les essorez, vous les remettez en baguettes, vous leur donnez deux chlorures de chaux à 2 degrés 1/2, deux passages à l'eau, deux passages à l'acide chlorydrique en sui-

vant la marche des fils de lin et du chanvre pour ces
opérations. Dans leur passage au savon il faut éviter
le plus possible la présence des sels alcalins, autre-
ment votre blanc jaunirait de suite. Après le passage
au savon vous les battez à la cheville et à l'étendage
sur les perches, et lorsqu'ils sont secs, vous les battez
à la cheville pour les plier, comme les fils de lin.

SOUDE CAUSTIQUE N° 9.

Hydrater avec un peu d'eau, 50 kilos de chaux vive,
ensuite lorsqu'elle est bien cassée vous la délayez
avec 900 litres d'eau. Vous laissez reposer pour
employer le clair, dans lequel vous ajoutez une dissolution de 50 kilos de sel de soude, vous agitez bien
le bain et vous l'employez à 3 degrés.

OPÉRATIONS DU BLANCHISSAGE DU JUTE.

Coulez à 60 ^{d} chaleur avec lessive à 3 ^{d} ;
Videz la lessive ;
Faites couler de l'eau sur les fils pour les dérougir;
Levez-les;
Rincez-les en piétinant un peu desssus (avec les
pieds), ensuite rincez-les, essorez-les ;

Mettez-les en baguettes ;

Donnez un acide chlorhydrique à 2ᵈ ;

Levez-les ;

Laissez-les égoutter, ôtez-les des baguettes, rincez-les en piétinant dessus ;

Essorez-les ;

Mettez-les en cuve, coulez-les à 60ᵈ de chaleur avec lessive n° 9 à 3ᵈ, videz votre lessive, coulez de l'eau dessus, levez-les, rincez-les, essorez-les, mettez-les en baguettes, mettez vos baguettes sur le cadre, entrez dans la cuve au chlore à 2 1/2ᵈ, levez, laissez égoutter, passez dans la cuve à l'acide chlorhydrique à 2ᵈ, levez, laissez égoutter, passez dans la cuve au chlore, levez, laissez égoutter, passez dans la cuve à l'acide chlorhydrique, levez, laissez égoutter, passez dans la cuve à l'eau, levez, laissez égoutter, ôtez vos fils des baguettes, lavez-les en piétinant un peu dessus, essorez-les, passez-les en savon si vous désirez leur donner de l'azur, ensuite essorez-les, battez-les à la cheville, mettez-les à l'étendage, battez-les sur les perches ; lorsqu'ils sont secs les battre à la cheville et les plier.

OPÉRATIONS A FAIRE SUBIR AUX ÉTOFFES DE LIN , DE CHANVRE OU DE COTON, AVANT LE BLANCHISSAGE.

Avant d'entrer dans les détails du blanchiment, il devient nécessaire d'examiner les diverses matières qui sont à la surface du tissu et de donner quelques explications indispensables.

1° Il est bon de remarquer que le coton brut est enduit d'une matière résinoïde, soluble dans l'eau bouillante, l'alcool, les alcalis et les acides.

2° Il contient une matière colorante légèrement soluble dans l'eau et les alcalis. Quoique ceux-ci donnent une teinte plus foncée à l'étoffe, la matière colorante ne devient extrêmement soluble que lorsqu'elle a éprouvé l'action de la lumière et de l'air ou du chlore.

3° Du parou ou parement dont les tisserands se servent pour enduire la chaîne qui contient le plus ordinairement de la colle forte, de la potasse, de l'hydrochlorate de chaux, de l'amidon et de la farine. Cette dernière substance peut être regardée comme formée d'amidon, d'albumine et de gluten. Toutes ces substances sont solubles dans l'eau, à l'exception du gluten. Celui-ci se dissout plus facilement dans les bains de trempage et dans l'eau de chaux que dans les lessives.

4° Des matières grasses. Lorsque le parement est sec, les tisserands sont dans l'habitude d'enduire la chaîne avec des corps gras pour assouplir les fils. Si l'on n'a pas la précaution dans les opérations du blanchiment d'enlever ces corps, il en résulte de graves inconvénients dans les teintures.

Les parties grasses ayant une grande affinité pour les matières colorantes, il s'ensuit que les parties qui doivent rester blanches montent à la teinture, et il est très-difficile de les blanchir ensuite. Une observation très-importante, c'est que les corps gras traités par le chlore ou les acides forment des composés presque insolubles dans les lessives.

Ces composés deviennent solubles par l'exposition à l'air, en absorbant l'oxygène, et deviennent susceptibles de se saponifier.

L'action du chlore produit le même effet.

Du savon à base de cuivre produit par le séjour du peigne en laiton imprégné de graisse sur la toile. Ce corps est en partie décomposé par les lessives, et le cuivre enlevé par les passages successifs en acides.

6° Il peut y avoir accidentellement sur les toiles des taches de fer et des matières terreuses qui s'enlèvent facilement dans les passages en acides.

En résumant ces observations, on voit qu'il peut exister sur les toiles les substances suivantes :

De la colle	
De la potasse	
De l'hydrochlorate de chaux	solubles dans l'eau.
De l'amidon	
Du gluten	soluble dans l'eau de chaux.
De la matière grasse	
Du savon calcaire	
Du savon à base de cuivre	solubles dans la lessive.
De la matière résinoïde	
De la matière colorante	

La première opération est : de marquer vos pièces avec du noir de fumée délayé à l'huile siccative ou avec la sanguine.

2° Faire tondre à la machine à tondre, ou faire roussir à la plaque les étoffes pour leur enlever le duvet qui les rend désagréables à l'œil. Imprimées avec ce duvet, les couleurs, les fonds surtout, paraissent marbrées.

3° 30 pièces de 100 mètres chacune donnant à peu près 30 kilog., nouez-les bout à bout, mouillez-les à fond le plus possible ; faites-les tremper ensuite pendant quarante-huit heures dans l'eau tiède, dans laquelle vous avez mis 1 kilog. d'orge germé réduit en poudre et bouilli préalablement avec un peu d'eau ; une ou deux fois par jour ; vous déplacerez vos tissus en les tournant sur un trinquet.

Il s'établit une fermentation qu'il est nécessaire d'observer pour éviter les accidents. Les pièces étant exposées trop longtemps à la fermentation pourraient être attaquées ; après la macération, on les rince et bat bien en les passant ensuite en acide chlorhydrique à 2° pendant vingt minutes. On les lave ensuite au clapeau, et on les met en cuve pour les lessiver.

4° Vous tirez vos pièces par la lisière et en gance, vous les mettez debout les unes à côté des autres et les foulez avec les pieds. Vous les placez ainsi couches par couches ; lorsque la cuve est remplie vous la couvrez de toiles d'emballage et vous la remplissez d'eau 5 à 10 centimètres au-dessus des étoffes.

Vous les chargez ensuite avec une grille pour les empêcher de remonter à la surface de l'eau; vous mettez le couvercle sur votre cuve et vous introduisez la vapeur. Lorsque l'eau est arrivée à l'ébullition, vous fermez votre vapeur, vous videz par le bas de votre cuve une partie d'eau pour faire place à vos dissolutions de soude n° 8 et de savon n° 9.

Vous ôtez alors le couvercle de votre cuve et vous versez sur vos étoffes vos dissolutions n° 8, n° 9.

Replacez-y ensuite votre couvercle et donnez de nouveau de la vapeur en laissant bouillir pendant dix-huit heures. Après, videz votre cuve par le bas, découvrez-la, faites couler de l'eau sur vos étoffes en la laissant s'échapper par le bas de la cuve. Quand l'eau en sortira à peu près claire, fermez le bas de la cuve et finissez de la remplir. Vous y ajoutez de la dissolution de soude n° 10; vous couvrez la cuve, vous introduisez la vapeur et faites bouillir sept à huit heures.

Laissez alors couler cette lessive parterre, découvrez votre cuve, faites couler un peu d'eau sur vos étoffes pour les rafraîchir. Après, décuvez-les et lavez-les au clapeau.

PASSAGE AU CHLORE.

5° Passez vos pièces au chlore à 3° pendant une demi-heure, en tournant vos pièces sur un trinquet, après vous les levez sur le trinquet pour les laisser égoutter un peu, rincez ensuite très-peu pour écarter un peu de chlore et passez-les pendant trente minutes en acide sulfurique à 1°. Lavez-les très-bien au clapeau, essorez pour remettre en cuves comme pour l'opération précédente pour être lessivées.

6° Donnez encore un lessivage pendant quinze heures avec une partie de dissolution de soude n° 8 et une partie de savon colophane n° 9.

Après ces quinze heures, videz la lessive, faites couler de l'eau sur vos étoffes jusqu'à ce que l'eau sorte claire.

Faites ensuite bouillir pendant sept à huit heures avec une partie de dissolution de soude n° 10. Videz cette lessive, rafraîchissez vos étoffes avec de l'eau, levez-les et lavez-les très-bien au clapeau, après quoi on passe au chlore.

DEUXIÈME PASSAGE EN CHLORE A 2°

Pendant une demi-heure ou deux heures, tournez vos pièces sur le trinquet de temps en temps, levez-les, rincez-les très-peu et passez-les pendant une heure en acide sulfurique à 1° en les tournant de temps en temps sur le trinquet.

Levez-les et rincez-les de suite, et vous les battrez au clapeau, pour que l'acide soit bien dégorgée.

Essorez après et mettez sécher.

8° Si vos pièces sont destinées à être vendues en blanc, apprêtez-les avec l'apprêt n° 1.

DISSOLUTION DE SEL DE SOUDE N° 8.

50 litres d'eau bouillante.

7 ^{k} 500 gr. de carbonate de soude.

6 ^{k} de sel de soude.

SAVON COLOPHANE N° 9.

10 ^{k} de carbonate.

6 ^{k} de sel de soude.

100 Litres d'eau de chaux claire n° 3.

Faites dissoudre vos sels au bouillon, ajoutez ensuite 7 ^{k} 800 grammes de colophane et faites bouillir jusqu'à complète dissolution.

DISSOLUTION DE SOUDE N° 10.

30 litres d'eau bouillante.

12 ^{k} de carbonate de soude.

6 ^{k} de sel de soude.

Dans le blanchissage, il est nécessaire, pour la régularité ainsi que pour éviter les pertes de produits, de se rendre compte le plus possible du poids des étoffes que vous devez blanchir.

BATISTE ET MOUSSELINES.

Le même poids de tissus se traite de la même manière que les calicots. Le chlore s'emploie au même degré, tandis que l'acide sulfurique ne s'emploie qu'à 1/2 ^{d}.

La seconde lessive est d'un tiers moins forte que la première, le bouillon de 12 heures seulement. Le passage au chlore et en acide ne diffère pas.

Les calicots, batistes et mousselines destinés à être vendus en blanc, nécessiteraient avant l'apprêt un troisième chlorure à 1/2 ^{d} pendant 40 à 50 minutes, et un acide sulfurique à 1/2 ^{d} pendant 20 minutes après lesquels on lave à fond.

APPRÊTS POUR CALICOTS N° 1.

250 litres d'eau dans laquelle il faut délayer.

3 kilos fécule la plus blanche.

500 grammes talc.

1 kilo borate d'ammoniaque n° 11.

Vous y ajoutez la quantité de bleu nécessaire pour l'azur de la nuance et faites cuire au bouillon. Ajoutez-y alors dans cet état le mélange de saindoux n° 12.

Cuisez le tout ensemble pendant cinq minutes et apprêtez vos étoffes avec cette pâte chaude en passant par un foulard, séchez ensuite à la machine.

On peut varier la quantité des produits employés selon qu'on le jugera convenable.

Voici la monenclature des produits employés pour les apprêts :

Dextrine, gommeline, l'amidon, la farine, le froment, mucilage de graine de lin, salep, gélatine, gomme, terre de porcelaine, blanc de baleine, acide stéarique (cire blanche). ·

Quant aux terres de pipe et de porcelaine, elles sont employées pour mélanger aux autres substances afin de garnir les tissus auxquels on veut donner de la main pour la vente.

Le borate d'ammoniaque est le produit supérieur pour donner de la fermeté aux tissus et pour conserver son apprêt ; il les rend inflammables et n'attaque pas les tissus comme l'alun et le borate ont tendance à le faire en séjournant.

Saint-Quentin n'emploie que l'alun dans son apprêt.

BORATE D'AMMONIAQUE.

5 kilos acide borique.
2^k500 gr. d'eau bouillante.

Après la dissolution, saturez-la avec de l'ammoniaque à 22 ᵈ en ajoutant un léger excès. Conservez cette masse bien bouchée pour vous en servir au besoin.

OPÉRATIONS QUE DOIVENT SUBIR LES TOILES DE LIN ET
DE CHANVRE POUR ÊTRE BLANCHIES.

1° Tremper pendant deux ou trois jours dans un
bain d'orge germé, agitez vos pièces plusieurs fois
pendant ce temps. Levez-les, ensuite rincez-les,
battez-les au clapeau et essorez-les.

2° Les passer pendant 2 heures en acide chlorhydrique, à 2 ᵈ, les bien rincer, les battre au clapeau et
essorer.

3° Les passer pendant une heure à chaud dans une
vieille lessive de savon colophane, ensuite essorer.

4° Ne mettre sur le pré qu'après disparition du
soleil ou à peu près, afin que la lessive ne se sèche
pas par places. Ayez soin de les tourner de face tous
les jours.

5° Les lever du pré, les rincer, les battre au clapeau
et essorer.

6° Placez vos pièces dans les cuves à lessiver de
la même manière que les calicots et opérez de la
même manière en employant les dissolutions de
soude n° 8 et le savon n° 9 ;

7° Faites bouillir dix-huit heures, videz votre lessive, lavez de la même façon que les calicots, après
vous ajoutez votre dissolution de soude n° 10. Finissez
alors de remplir la cuve d'eau, faites bouillir pendant
douze heures, videz votre lessive, rafraîchissez,
levez vos étoffes, rincez-les, battez-les au clapeau et
essorez-les :

8° Vous faites tremper pendant douze heures en chlore à 2° en les tournant quelquefois sur le trinquet pendant ce temps. Levez après, laissez égoutter un peu, rincez légèrement et essorez ;

9° Faites tremper pendant six heures en acide chlorhydrique à 2°. Levez, laissez égoutter, rincez et battez au clapeau ;

10° Passez vos pièces pendant une heure en vieille lessive de savon colophane chaude, essorez, mettez sur le pré pendant quatre jours comme la première fois, levez-les du pré, rincez, battez au clapeau et essorez ;

11° Faites tremper pendant huit heures en chlore à 2°, levez, égouttez, battez et essorez ;

12° Mettez en cuves à lessiver toujours en opérant de la même façon avec la dissolution de soude n° 8 et de savon n° 9 ; faites bouillir dix-huit heures, puis videz la lessive.

Lavez en cuve ; après l'eau écoulée, remplissez la cuve d'eau claire et ajoutez votre dissolution de soude n° 10 ; faites bouillir douze heures, après videz votre lessive, rafraîchissez et levez vos pièces. Lavez-les au clapeau et essorez.

13° Faites tremper pendant douze heures en chlore à 2 ou 2 1/2°. Levez, laissez égoutter, rincez un peu et essorez ;

14° Faites tremper pendant six heures en acide chlorhydrique à 2°, levez, rincez et battez au clapeau ; après essorez ;

15° Passez pendant six heures en chlore à 1 1/2°,

levez, laissez égoutter, rincez un peu, essorez. Pendant deux heures, passez un acide sulfurique à 3/4°; rincez très-bien et battez au clapeau ;

16° Donnez pendant une heure à peu près à 50° de chaleur un bain de savon blanc de Marseille à 2 %. Levez après, essorez et séchez. Visitez ensuite vos pièces et apprêtez-les.

Toute étoffe, pour être vendue en blanc, avant que d'être apprêtée, doit être visitée.

Les toiles sont apprêtées par les mêmes procédés que les calicots, batiste ou mousseline.

DU CRÉMER.

Cette opération est la plus simple du blanchissage. Vous faites tremper les fils comme les toiles pendant quarante-huit heures dans un bain d'orge germé à 1 0/0.

Lavez très-bien après et essorez.

Après vous coulez pendant six à huit heures avec de la vieille lessive bouillante, vous lavez très-bien et vous essorez. Après les avoir placés sur les baguettes, vous leur donnez un chlore à 1° pendant une demi-heure. Rincez-les et passez-les pendant vingt minutes en acide chlorhydrique à 1°. Lavez ensuite très-bien et passez sur un bain de savon comme les fils blancs.

Si vous désirez avoir des fils un peu jaunes, nuance

des fils de Bretagne, vous les passez sur un bain de
savon composé de :

> 2 parties de savon.
> 1 partie d'ocre.
> Et d'eau.

J'ai eu occasion de voir exécuter le procédé de
blanchiment de M. Tessier-Dumotet de Commines,
qui a pour base le manganate de soude. Je suis persuadé que son procédé, exécuté par des personnes
exercées, pourrait rendre de grands services. Tel que
je l'ai vu travailler, il n'est pas praticable.

Je vais vous donner maintenant l'explication du
clapeau employé à Rouen, de la machine à dessécher, du trinquet, et du genre de cuvier imaginé par
Widmer, de Jouy, neveu de cet excellent M. Ober-
kampf, dont les indiennes ont eu une si grande re-
nommée, comme aujourd'hui les meubles perses et
les mouchoirs de MM. Japuis, à Claye. Ce cuvier fut
perfectionné par Bardel, Descroizilles fils et Duvoir,
que j'emprunte à l'ouvrage du savant M. Girardin.

Cuvier à projection. — Cette machine est formée
d'un cuvier en bois dont le fond est percé de trous
et qui repose sur une maçonnerie. Au centre de celle-
ci est un bouilleur avec son foyer ; un tuyau central
en cuivre, ouvert par ses deux bouts est placé au
centre du système et met en communication le fond
du bouilleur avec la partie supérieure du cuvier; il

sert à l'injection de la lessive dans ce dernier. Une plaque disposée un peu au-dessus de l'ouverture supérieure du tuyau force le jet de lessive à tomber en forme de nappe sur les toiles. On dispose les pantes dans le cuvier avec régularité, après les avoir imprégnées de lessive faible. On recouvre la masse d'une toile grossière qu'on assujettit au moyen de barres de fer. On remplit le bouilleur de lessive aux deux tiers de sa contenance, et on chauffe assez pour porter à l'ébullition. La vapeur qui se forme acquiert peu à peu une force élastique assez grande pour presser sur la lessive et la forcer à s'élever par le tube qui la déverse sur les fils, et comme la pression va croissant avec la température, son ascension se fait bientôt très-rapidement.

La lessive redescend en s'infiltrant à travers les fils contenus dans le cuvier et s'écoule par les trous dans le bouilleur pour y être échauffée et élevée de nouveau.

Trinquet. — Pour les passages en chlorure de chaux qui s'effectuent habituellement dans des cuviers, ces derniers sont garnis d'un *trinquet* ou *tourniquet* sur lequel on enroule les toiles et qui, par son mouvement, fait passer successivement toute la pièce dans le bain. Les toiles restent dans le liquide et sont manœuvrées sur le tourniquet pour changer les points de contact. Après une immersion convenable, on les retire en les enroulant sur le tourniquet, puis on les rejette à l'eau et on les dégorge exactement.

Machines à dessécher. — Dans les usines bien montées, la dessiccation des toiles s'opère dans des séchoirs à air chaud ou sur des cylindres creux de cuivre ou de fer-blanc dans l'intérieur desquels circule de la vapeur. Dans ce dernier cas, les toiles étendues dans toute leur largeur passent successivement sur cinq ou six cylindres de 25 à 45 centimètres de diamètre, placés à la suite les uns des autres ou disposés sur deux rangées, l'une au-dessous de l'autre. C'est par arbres creux d'un bout à l'autre qu'arrive la vapeur dans les cylindres et qu'on fait écouler l'eau de condensation. Les toiles passent d'abord sur un petit rouleau de tension sur les cylindres et viennent enfin s'enrouler sur un même cylindre à l'autre extrémité.

La dessiccation à chaud par l'une ou l'autre méthode est préférable au séchoir à air libre, car elle est plus prompte et indépendante de toute influence atmosphérique.

Clapeau à lanières. — Le clapeau à lanières généralement adopté dans les usines de la Normandie, se compose de deux rouleaux en bois montés sur une boîte en fonte. Le rouleau inférieur très-gros est fixe ; le supérieur d'un diamètre beaucoup plus faible peut monter et descendre dans la rainure pratiquée dans l'épaisseur des jumelles du bâtis. C'est entre ces deux cylindres que passent les pièces à dégorger. Un peu en avant du gros rouleau, quatre tringles fixées autour d'un axe supportent des lanières en gutta-percha ou en cuir qui, lorsqu'elles tournent avec une vitesse de 800 à 1,000 révolutions par minute, frappent sur les pièces au moment de leur passage sur le rouleau. Le mouvement est communiqué par deux pignons, le premier fixé sur l'axe du gros rouleau, le second sur l'axe qui porte les tringles à lanières.

Le clapeau est placé sur un plancher au-dessus d'une eau courante ou d'un grand bassin rempli d'eau qui se renouvelle sans cesse. Une tournette plongée à moitié dans l'eau sert à tendre les pièces pour qu'elles passent au large dans le liquide qui doit les laver. Une crémaillère sert à monter et à descendre la tournette. Les pièces à dégorger toutes liées les unes à la suite des autres forment une toile sans fin, qui repasse continuellement de l'eau sur les cylindres pour y être battue par les lanières. Cette machine fait un fort bon travail et ménage beaucoup plus les toiles que les anciens clapeaux ou sautoirs.

FOULARD.

On désigne sous le nom de foulard les machines destinées à plaquer les pièces de mordant bâties en bois ou en fonte. Un montant est destiné à recevoir les tourillons de deux cylindres en cuivre. Un des deux cylindres exerce sa pression sur l'autre par un levier en un certain point d'appui. Il exerce cette pression sur le coussinet placé sur le tourillon et à l'extrémité on place des poids pour déterminer cette pression. Une bobine est faite pour enrouler les pièces à foularder, afin d'exercer un tirage, l'axe de cette bobine porte une poulie, sur laquelle passe une lanière de cuir avec un poids. Une auge est placée au-dessous des cylindres et repose sur une tablette. A cinq centimètres du fond de l'auge est un rouleau en cuivre sous lequel passe la pièce ; avant d'entrer dans l'auge, elle passe sur le rouleau. En sortant de l'auge, elle frotte sur un segment de vis divergente, et ensuite s'engage entre les deux rouleaux qui sont préalablement garnis d'une toile qui les enveloppe cinq à six fois ; la pièce passe ensuite sur le rouleau supérieur et en recouvre environ le tiers de la circonférence, et vient s'enrouler sur le cylindre dont le tourillon est fixé sur une barre mobile. Cette barre est maintenue par une goupille dans la rainure du quart de cercle. Lorsque l'on veut plaquer de mordant une pièce, on doit la passer deux fois dans le bain.

Cette machine reçoit son mouvement, soit par le moteur de l'établissement, soit par le moyen d'une manivelle. Dans ce dernier cas, on doit le faire en employant un engrenage ; quel que soit le moyen dont on se sert, il doit toujours être communiqué au cylindre inférieur et la bobine se meut par le frottement que lui fait éprouver le cylindre supérieur sur lequel elle repose.

Chaque mordant doit avoir ses doubliers et ses bobines afin d'éviter les accidents qui pourraient en résulter : si l'on se servait, par·exemple, de bobines pour chamois, lorsque l'on foularde des jaunes.

Les premiers chefs deviendraient olive à la teinture.

GRILLAGE OU FLAMBAGE.

Le *grillage* ou *flambage* et plus vulgairement *roussi* est nécessaire pour détruire complétement le duvet qui masque au moins en partie l'éclat et la finesse des fils du coton et pour leur donner l'aspect des toiles de lin.

On l'exécute en passant rapidement les toiles au-dessus d'une plaque de fonte chauffée au rouge, ou sur une flamme suffisamment chaude et non fuligineuse, comme celle de l'hydrogène bicarboné de l'esprit de vin.

Le grillage à plaque offre plusieurs inconvénients qui l'ont fait abandonner généralement. La première idée du grillage au moyen de la flamme du gaz appartient à Molard, ancien sous-directeur du Conservatoire des arts et métiers.

PROCÉDÉ POUR LA DÉCOLORATION DES DÉCHETS
DE COTON POUR 25 KILOG. DÉCHETS,

sans désagréger la matière et pouvant resservir à la filature.

Vous mettez vos déchets de coton dans un panier ou autre objet à claire voie, que vous plongez dans un baquet ou dans une chaudière ; vous versez dessus ensuite la dissolution chaude n° 1. Agitez alors vos cotons pendant deux à trois heures dans ce bain chaud, après quoi vous levez le panier pour y ajouter 6 kilog d'acide sulfurique très-bien agité. Rentrez-le ensuite dans votre bain sans augmenter la chaleur et manœuvrez dans le bain encore pendant quarante à soixante minutes. Levez votre panier au moyen d'une grue, laissez égoutter comme il faut, en ayant soin de déplacer les parties pour qu'elles s'égouttent autant que possible d'une manière uniforme.

Sans rincer, entrez dans un autre baquet garni d'un bain de chlorure de chaux à 7° et manœuvrez-y vos déchets jusqu'au degré de décoloration que vous désirez. Levez, laissez égoutter et lavez très-bien ; le lavage terminé, vous pouvez donner un léger savon si vous désirez conserver ces déchets.

Les bains se conservent pour servir aux opérations suivantes en les garnissant avec des bains que vous faites très-forts ; pour cet usage, vous les titrez afin que vos opérations soient régulières.

BAIN N° 1.

200 litres d'eau bouillante dans lesquels faire dissoudre au bouillon :

25 ^{k}. de bi-sulfate de soude.
1 ^{k}. 250 gr. d'acide oxalique.
2 ^{k}. 500 gr. de bi-tartrate de potasse.

La dissolution terminée, vous pouvez l'employer.

BAIN N° 2.

Il faut aussi, à peu près, pour les 25 k. de coton. 200 litres de bain.
Vous délayez avec

250 litres d'eau froide.
16 ^{k}. de chlorure de chaux sec de Saint-Gobain.

Après la dissolution vous laissez reposer, vous la tirez à clair et vous l'employez à 7°.

MATÉRIEL POUR UNE BLANCHISSERIE DE PATES DE BOIS POUR FABRICATION DU PAPIER.

1° Il faut, pour monter une blanchisserie de pâtes et produire à peu près 2000 k. de pâtes par vingt-quatre heures, 12 cuves en bois ou en pierre d'une surface de 2 mètres chaque, disposées parallèlement et de façon à être à l'aise, demandant une surface de terrain de 16 mètres sur 30. Il faut, pour desservir ces 12 cuves, 3 grues ou un chariot faisant mêmes fonctions et circulant sur un chemin de fer pour monter ou descendre les caisses ou paniers destinés à être placés dans les cuves ; ces paniers sont destinés à recevoir les moutures de bois pour y être blanchies ;

2° D'une petite chaudière en cuivre de 50 à 100 litres pour y faire cuire l'orge employé ;

3° De deux réservoirs à chlore ;

4° D'essoreuses ;

5° Séchoir à l'air.

Avant le blanchissage, vous exposez le bois en vase clos, vous chauffez à 4 ou 5 atmosphères pour extraire la résine non adhérente au bois et vous le traiturez après.

DU BLANCHISSAGE.

1re opération. 500 k. de mouture de bois que vous placez dans un panier ou dans une caisse à claire voie garnie à l'intérieur d'une grosse toile pour retenir la mouture qui aurait sans cela tendance à s'échapper. Vous introduisez, au moyen de la grue, cette caisse dans une des cuves n° 1. Vous laissez dans la cuve pendant trois à quatre jours en ayant soin d'agiter la masse de temps en temps.

Après vingt-quatre à trente heures, il s'établit une

fermentation qui est nécessaire pour la désagrégation du bois.

Après les quatre jours vous levez, laissez égoutter et vous lavez cette masse avec 2 à 3 eaux bouillantes pour faire sortir la matière colorante. Après vous essorez, ou pressez la masse pour la séparer de l'eau.

2° Vous remettrez ensuite cette masse en brins et l'introduisez dans un même panier ou caisse pour l'entrer dans une cuve en chlore n° 2 pendant deux heures à peu près. Vous agitez bien pendant ce temps ; lorsque vous voyez que le chlore n'agit plus, vous levez votre caisse avec la grue, vous laissez égoutter et vous lavez avec 2 à 3 eaux bouillantes ; après vous pressez pour la séparer de l'eau.

3° Vous remettez cette masse en brins, ensuite placez-la dans un panier et entrez dans une autre cuve au chlore pendant deux heures à peu près en ayant toujours soin d'agiter la masse.

Comme dans l'autre opération du chlore , lorsque vous voyez qu'il n'agit plus, vous levez et vous lavez à l'eau bouillante comme la première fois.

Si, à ce second passage au chlore, vous voyez que votre bois a encore une teinte jaunâtre, donnez–lui un troisième chlorure et lavez à l'eau froide.

Pressez et séchez de préférence à l'air.

Nº 1. — CUVE A L'ORGE.

Faites bouillir pendant une heure dans un peu d'eau.

15 kil. d'orge germé pulvérisé.

Délayez dans ce bouillon 500 gr. de levain de bière et vous versez dans une cuve d'eau tiède, vous agitez très-bien et faites entrer votre bois dans ce bain.

Nº 2. — CUVE AU CHLORE.

Vous employez à 7° et à froid du chlorure de chaux que vous avez délayé avec de l'eau simplement pour obtenir 7°; il vous faut à peu près 75 k. de chlore de Saint-Gobain pour 100 litres d'eau.

Après l'avoir délayé, laissez reposer et employez le bain.

Pour faire tremper 500 kil. de bois, il faut à peu près 600 litres de liquide.

PROCÉDÉ DE M. GAY-LUSSAC POUR RENDRE LES TISSUS INFLAMMABLES.

Vous mettez dans vos apprêts du phosphate d'ammoniac.

DEUXIÈME PROCÉDÉ.

Un autre procédé est employé en Angleterre et consiste à mettre dans votre apprêt du tungstate de soude.

LA SOIE

C'est surtout la *phalène* ou *bombyx du mûrier*, insecte à ailes brillantes et à écailles, qu'on élève de préférence pour obtenir ce précieux produit.

Le ver à soie est originaire des contrées orientales de l'Asie et il se nourrit sur les feuilles du mûrier blanc. Les Chinois furent les premiers qui pensèrent à tirer parti du tissu filamenteux qu'il sécrète et 2,700 ans avant l'ère chrétienne, cette nation industrieuse connaissait la manière de travailler la soie. Cet art passa ensuite dans l'Inde et en Perse.

On en avait à peine une idée en Europe avant le temps d'Auguste. Jusqu'au règne de Justinien, les Romains et les Grecs achetaient les tissus de soie des Phéniciens qui manufacturaient le fil venu de la Chine et des Indes.

Les tissus de soie étaient fort estimés des dames Romaines. Ils devinrent l'objet des satires des poëtes latins qui leur reprochaient d'indiquer les formes du corps plutôt qu'ils ne les couvraient. Il y eut un temps où la soie se vendait au poids de l'or, et Vopiscus rapporte que l'empereur Aurélien refusa de donner une robe de soie à sa femme à cause de l'excessive cherté du tissu.

Au milieu du VIe Siècle, deux moines revenant de la Chine ou de l'Inde eurent l'adresse de transporter à Constantinople des œufs de vers à soie cachés dans une canne creuse.

Cet événement si important pour l'Europe arriva en 555, et quelques années après, des manufactures s'élevèrent en Grèce, à Athènes, à Thèbes et à Corinthe. Au IXe siècle, les Maures qui, antérieurement à cette époque avaient introduit le ver à soie sur les côtes d'Afrique, le propagèrent dans la péninsule Ibérique

Les Vénitiens, de leur côté, en répandirent les. produits dans toute l'Europe Occidentale.

Au XIIe siècle, Roger II, roi de Sicile, introduisit cet insecte et l'arbre qui nourrit sa chenille dans le Péloponèse, qui, 500 ans plus tard, prit le nom de *Morée*, nom latin du *mûrier*, parce que la culture du mûrier y était devenue presque exclusive.

C'est encore lui qui transporta des ouvriers en soie grecs dans la Sicile d'où cette industrie se propagea en Italie du XIIIe au XIIIIe Siècle. Les Papes l'amenèrent de Rome à Avignon et dans le Comtat Venaissin en transportant la capitale de la chrétienté dans cette dernière ville. D'Avignon, la fabrication s'en propagea à Nîmes, à Lyon, à Paris même vers la fin du XVIe Siècle; et en 1470 Louis XI l'établit à Tours.

François Ier encouragea singulièrement la culture du mûrier; Henri II fut le premier qui porta des bas de soie, à l'occasion du mariage de sa sœur avec le duc de Savoie. Henri IV imita les Valois et fit planter des mûriers à Orléans, à Fontainebleau, au château de Madrid, à deux lieues de Paris, et même dans le jardin des Tuileries. Sous Colbert, Lyon, Tours, Nîmes, et d'autres villes du midi de la France devinrent très-florissantes. La révocation de l'édit de Nantes introduisit cette nouvelle industrie dans la Grande-Bretagne. Dans les deux derniers siècles, on a vu la Suisse, l'Autriche, la Prusse, la Suède et même quelques provinces russes tenter avec plus ou moins de succès la culture du mûrier et l'éducation des vers à soie.

La production de la soie dans le monde entier est évaluée à la somme annuelle de plus d'un milliard.

Les pays qui fournissent le plus dans l'ordre de leur importance sont :

La Chine,
L'Italie,
La France,
L'Inde,
Le Japon,
Les divers autres pays de l'Asie,
L'Espagne,
La Perse,
L'Afrique,
L'Océanie et l'Amérique.

En Chine et dans les Indes, on élève le ver à soie sur des mûriers en plein air ; mais en Europe et surtout en France, on le renferme dans des chambres dites *magnaneries,* dont on tient la température à 15 ou 18°.

Les œufs très-improprement nommés *graines,* éclosent à cette température. On place les larves qui en sortent sur des claies garnies de feuilles de mûriers que l'on renouvelle plusieurs fois par jour. Elles changent quatre fois de peau en un mois et l'on doit avoir un soin extrême à séparer des autres les vers malades ou ceux qui seraient morts. Après la dernière mue, elles se retirent dans de petites niches de bruyère disposées à cet effet et s'y filent une coque ou cocon.

Elles prennent dès lors le nom de chrysalides et demeurent dans une parfaite immobilité pendant dix-huit à vingt jours. Elles se transforment enfin en papillons ou insectes parfaits ; mais on ne laisse parvenir à ce dernier état que celles qui doivent servir à la reproduction de l'espèce, on fait mourir les autres en trempant les cocons dans l'eau bouillante ou en les exposant à la chaleur d'un four ou d'une étuve. Ensuite on les dévide, 100 gr. d'œufs produisent dans de bonnes conditions 150 et même lorsque tout favorise l'éducation 200 k. de cocons en consommant environ 3750 à 5000 k. de feuilles ; 1 k. de cocon comprenant en moyenne 586 cocons, il en résulte que 100 gr. d'œufs donnent 87,900 à 117,200 cocons.

Les 100 k. de cocons fournissent généralement 8 k. de soie filée.

Les cocons à l'état naturel au moment de la vente contiennent :

Eau 68,2
Soie 14,3
Bave et bourre. . . 0,7
Chrysalide. 16,8
____
100

On connaît deux espèces de soie, celle qui est naturellement blanche et la jaune, la première dite soie sina, parce qu'elle provient d'une variété de ver de la Chine, n'est obtenue en France que depuis 80 ans environ.

C'est Louis XIV qui fit venir en 1789 de Chine les œufs du ver qui la produit. '

Dans le commerce, toutes les soies forment 2 grandes classes.

1. Soie grége, qui est le produit immédiat du dévidage de cocons; elle en a été détachée à l'eau chaude et n'a subi aucune préparation. Chaque fil se compose de la réunion d'un nombre de brins qui varie généralement de 3 à 15 et même au delà.

2. Soie ouvrée ou qui a subi une préparation quelconque qui la rend propre à différents emplois dans les manufactures. Dans chaque classe on distingue la *soie écrue blanche* et la *soie écrue jaune*.

Paris. — Imprimerie Félix Malteste et Cie, rue des Deux-Portes-Saint-Sauveur, 22.